VOUS

Du même auteur :

Existences, Écrits des Forges/Perce-Neige, 1991
«On...», poème, *Lèvres urbaines*, 1990
Prophéties, poèmes, Éditions Michel Henry, 1986
«Précis d'intensité», poèmes, avec Gérald Leblanc, *Lèvres urbaines*, 1985
Claude Roussel, sculpteur, avec Patrick Laurette, Éditions d'Acadie, 1985
Les Acadiens, avec Barry Ancelet et Antonine Maillet, DMR, 1984
Rapport sur l'état de mes illusions, poèmes, Éditions d'Acadie, 1976
Mourir à Scoudouc, poèmes, Éditions d'Acadie, 1974
L'Anti-livre, photos, poèmes, dessins, avec Jacques et Gilles Savoie, premier ouvrage littéraire publié en Acadie, Éditions l'Étoile magannée, 1972

Au cinéma* :

Belle-Baie, Phare-Est/Office National du Film, 1991
Beau Séjour, Office National du Film, 1991
Le Taxi Cormier, Phare-Est/Office National du Film, 1990
The Bell Ringers, Gamma Productions, scénario Tony Foster, 1989
Robichaud, Office National du Film, 1989
Madame Latour, Ciné-Est en Action, 1988
Le Grand Jack, Office National du Film, 1986
Cap Lumière, Ciné-Est en Action, scénario Monique Leblanc, 1985
Toutes les photos finissent par se ressembler, Office National du Film, 1985

* À moins d'avis contraire, les scénarios des films mentionnés sont aussi de l'auteur.

Herménégilde Chiasson

VOUS

poésie

L'éditeur désire remercier le ministère du Tourisme, des Loisirs et du Patrimoine du Nouveau-Brunswick, le Conseil des arts du Canada et le ministère canadien des Communications pour leur contribution à la réalisation de ce livre.

Illustration de la couverture, illustrations
  intérieures et photographies : Herménégilde Chiasson
Photo de la couverture arrière : Jean-Philippe Fauteux
Graphisme : Herménégilde Chiasson et Raymond Thériault

ISBN 2-7600-0182-2

© Les Éditions d'Acadie, 1991
  C.P. 885
  Moncton, N.-B.
  E1C 8N8
  Canada

« Regarde ma main, elle tremble encore. »
Jean-Claude Carrière

1. découpage

il n'y a pas de raison de garder sur soi
les inquiétudes
les intempéries
les frayeurs du monde…

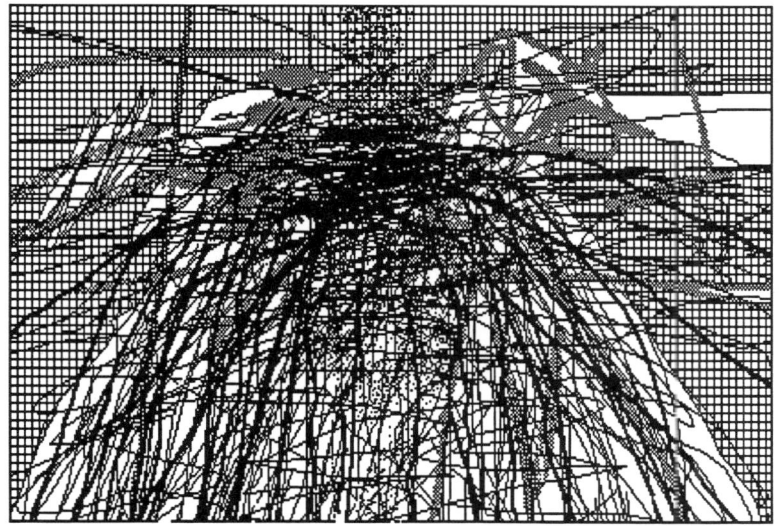

j'ai lu quelque part qu'il avait fallu si longtemps
pour museler enfin la douleur du monde
puis la violence du monde
un souvenir intarissable
un rappel
ténébreux et cahoteux
s'étendant jusqu'à la périphérie de la mémoire
là où personne n'était encore allé
la certitude qu'il y avait en ces lieux
un grand nombre de bêtes féroces
de monstres de toutes sortes

c'est une nuit comme ça
une nuit tranquille
bordée d'insomnie
de cauchemars
d'indécisions
de craintes...
une nuit de perte dans les ténèbres
pour tout dire
une nuit où l'on ne sait pas très bien par où
ni quand on est arrivé

se réveiller à cette réalité déconcertante
devant nous à quelques mètres à peine
un homme vient d'éclater de rire
seul dans le métro
son cœur vient lui aussi d'éclater
une déflagration
dans les cercles concentriques de sa conscience
il ne sait plus très bien comment faire
pour limiter de pareils dégâts

tout près de lui
un peu en retrait
dans une vitre teintée où elle refait son maquillage
une femme se retourne sans vouloir comprendre
sans vouloir se faire voir
parce que sous ses cheveux tondus
dans sa main de cuir
avec ses souliers vernis
de la tendresse à la défaite
elle sait que fragile
elle sait que peut-être
elle sait qu'elle vient de voir passer la violence
du monde

l'ayant reprise à son compte
désormais libre à elle d'en faire une mélopée
séduisante et dévastatrice
un cantique inouï dans la gueule de la colère
un bijou dont l'éclat n'a d'égale mesure
la nappe de pigment qui contourne son iris
elle en a fait son regard
sa voix
ses dents humides et reluisantes
qu'elle plonge désormais
avec une volupté imprévisible et désarmante
jusqu'au cœur des choses
là où toute matière éclate et s'éblouit

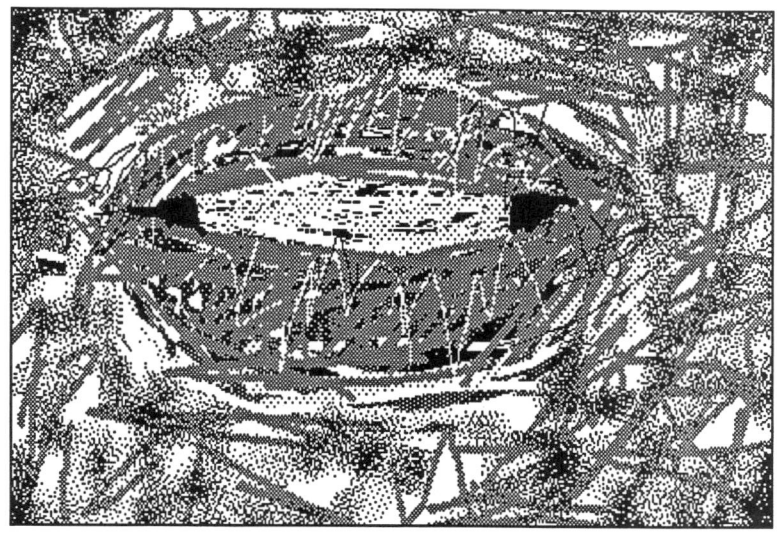

autant dire que la jungle
est continuellement peuplée de panthères
dont les griffes et l'éclat nous frôlent
dans notre sommeil
un écran de soie pour sous-tendre
les lambeaux de la nuit
le métro passe dans la jungle
les yeux de la femme se métamorphosent
en diamants
durs et froids
et s'il lui prenait envie de pleurer
le feu qui en jaillirait
imprimerait alors
sur sa robe
sur sa peau
une rivière de lave
convulsive

ça commence comme ça
banalement
comme une histoire qu'on écoute
ou qu'on emprunte à quelqu'un
un début sans besoin de modifications
quelque chose qui ne nous appartient pas
quelque chose dont on serait le témoin
gênant et involontaire
concours de circonstances
dont on sortirait l'éternel perdant
un peu comme des voyageurs en armure
des explorateurs en route
vers un Eldorado de pacotille
dont la carte est enfouie quelque part
dans les machines distributrices

il est tard
dit-elle
pour renforcer le murmure du quartz
une répercussion qui s'étale sur la voûte de céramique

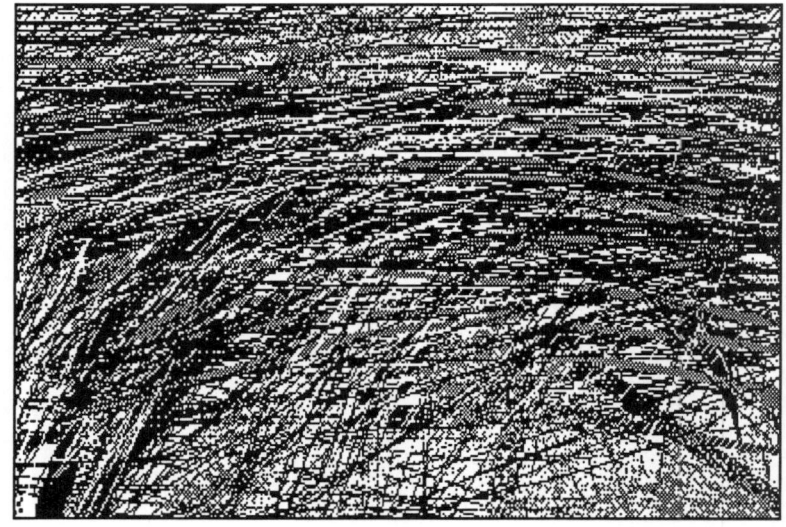

il se retourne
il est saisi
le frisson de sa voix
il ne dit rien
il sait qu'elle sait
et elle sait qu'elle sait depuis toujours
comme aux échecs

le métro s'est arrêté
de la fumée s'en échappe par gros morceaux
formant maintenant un épais brouillard
ce n'est pas la bonne station
ce n'est pas le bon train
quelqu'un crie que ça ne va pas assez vite
que les rails sont tordus
qu'on s'en va tous exploser quelque part
dans un autre temps
dans quelque temps

sur la rampe
un homme marche
vocifére
prédicateur de l'inévitable
quelqu'un lit dans un journal
un homme sans légende
assis sur un banc de plastique bleu
les coudes appuyés sur les genoux
une histoire d'otages
banal
nous sommes tous des otages
quelqu'un boit
l'eau lui gicle sur la joue
se répand en gouttelettes
(comme du mercure sur la tuile bleue)
quelqu'un court à l'autre bout du couloir
l'écho nous atteint
nous sommes déphasés
cette nuit-là
oui
et peut-être que toutes les autres aussi
c'était comme ça
vraiment

le métro repart dans un fracas ahurissant
la dévastation
la chevauchée métallique
dans les tunnels du vertige
c'est beau
d'une misérable et obligeante beauté
c'est sans doute ça la raison
nous n'entendons plus
les coups de feu

quelqu'un aurait tiré
vous avez bien entendu
quelque chose
non
c'était pourtant très net
le bruit des balles
non
deux détonations
ne faites pas semblant
vous avez très bien entendu
vous étiez là
je vous ai vue
ne mentez pas
je vous en prie
ne me mentez pas
n'inventez plus d'excuses
bientôt il n'y aura plus de temps
plus d'espace

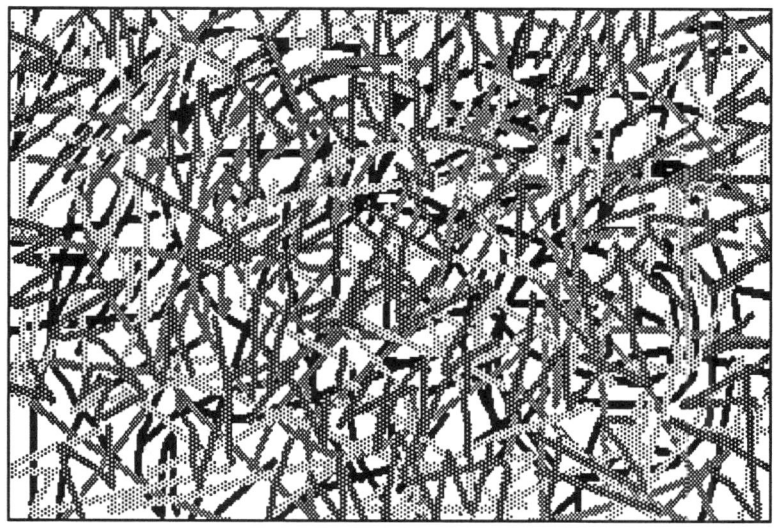

et le silence a refait surface tel un corps étranger

je l'entends parler
il n'y a plus de sens possible
sous-entendu
je ne sais plus faire de sens avec ce que j'ajoute
ce qu'elle éclabousse
ce qu'elle élabore
pour tout dire ce qu'elle contribue
peut-être inutilement
comme nous tous depuis toujours
à cette heure-ci
quelques mots seulement
arrivent à traverser le magma
une confusion démesurée

le regard du tigre dans la verdeur du soir
le feu courant sous l'humidité
les bêtes traquées dans nos engins
leur panique quand on accélère

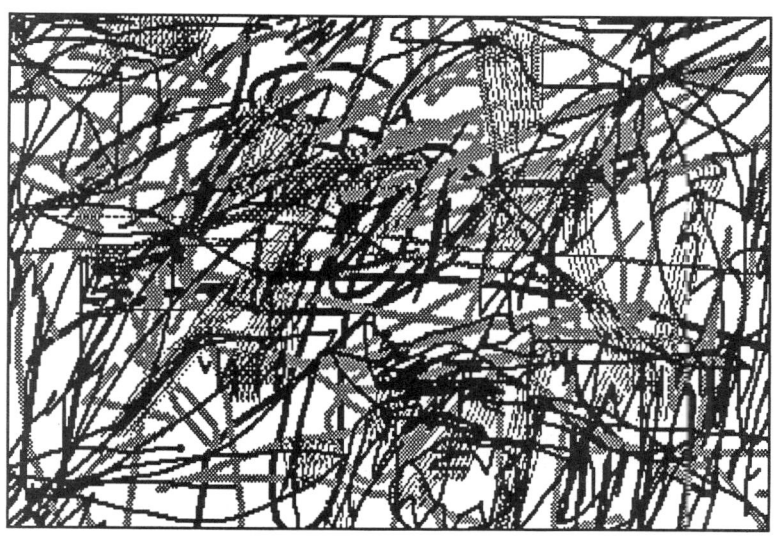

elle répète qu'il est tard
la forêt est dense
une vieille chanson
l'air oublié
les paroles suffisent à peine
mais on chante quand même
(Dante)

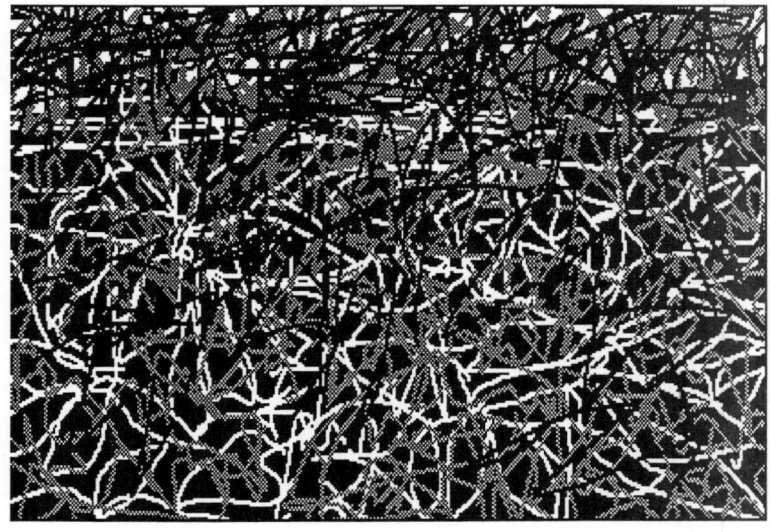

(elle ouvre la bouche
le rouge à lèvres se répand
une marée onctueuse inondant son sourire
une disparition imprévue dans la spirale du bruit
une condensation qui se cristallise beaucoup plus loin
la solitude de plusieurs moments
il n'y a rien de très rassurant

rassurez-vous
je sais
si bien
moi aussi
que tout est temporaire
vous me l'avez assez dit
une hypothèse de travail
sur laquelle j'ai beaucoup travaillé
mais je me demande pourquoi vous insistez tant
pour me redire avec tant de peine
une chose que je sais si bien
et pour toujours)

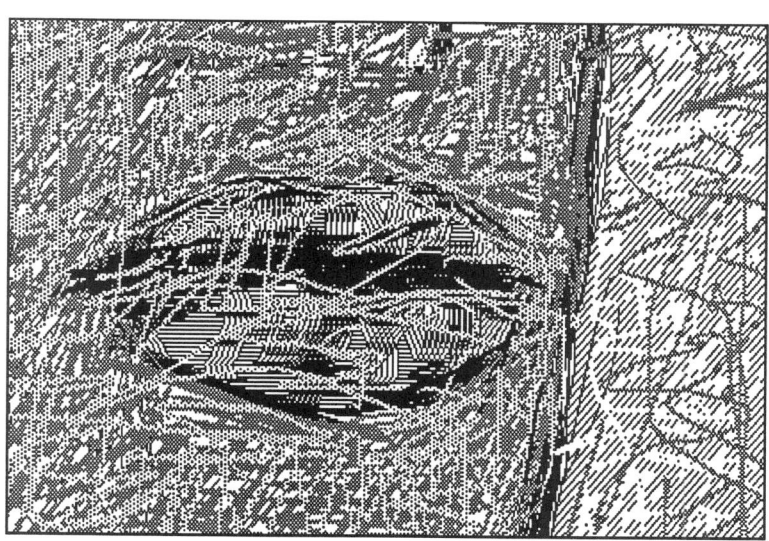

le métro sort du tunnel
nous entrons dans une zone bleue comme le jour
l'incessant combat de Mercure contre Hélium
pour une fois
on croirait que le soleil va éteindre ses rayons
dans la rouille de nos armures
on l'espère
on le souhaite

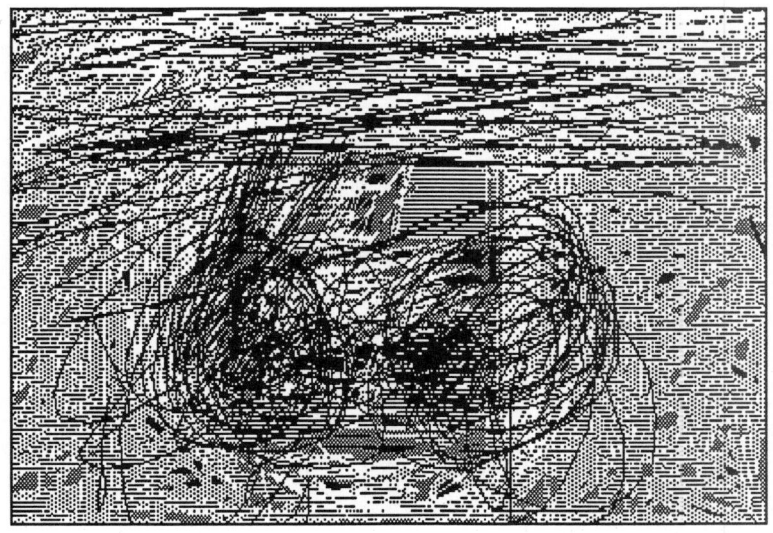

pourquoi alors s'appliquer à se rapprocher
pourquoi se laisser absorber si l'on a perdu en soi
le sens de toute direction absolue

improvisez
répondez-moi de votre belle voix design
comme un appel cellulaire
quand vous grésillez des mots éternels
magiques
indéfectibles
sur le registre du temps
l'air est élastique

je veux vous entendre crier
par-dessus le bruit des continents
le grincement des failles tectoniques
par-dessus le bourdon des médias
les rumeurs de la grande panne cosmique
qu'on nous prédit avec tant d'acharnement
je suis venu au monde pour vous entendre crier
pour être emporté dans la fuite de vos vibrations
qui coulent en méandres ponctuées de coups de feu
pour mordre à votre corps fleuri d'arabesques
un étalage de cicatrices

peut-être vous en doutez-vous
vous êtes mon seul et unique jardin d'ecchymoses
le seul endroit où ça fait vraiment mal
et j'ai peut-être choisi d'y habiter
si le métro pouvait sortir de ses gonds
se décider à passer par là
la décision ne nous revient peut-être plus
nous avons peut-être perdu la raison
soudainement
il y a longtemps
jadis

faites semblant de rire
faites semblant de rire
et peut-être que nous rirons comme d'habitude
faites semblant de rire
comme autrefois
naguère
avec vous
oui

j'entends votre rire comme un fulgurant pléonasme
ce n'est plus si terrible
je retiens mon souffle
pour mieux vous entendre
mieux vous croire

personne n'osera dire
que je ne suis pas allé avec vous jusqu'à la frontière
que je n'ai pas craint de me laisser emporter
dans les couloirs de céramique de votre labyrinthe
personne ne me reprochera d'avoir voulu
de toute la force de ma force
que vous soyez avec moi pour tenir ma main
quand je glissais inexorablement
dans la fosse de votre sommeil
tandis que votre rire
envahissait le territoire de mes rêves
des airs inconnus
des partitions introuvables

levez-vous alors et nous applaudirons
de toutes nos forces
nous applaudirons

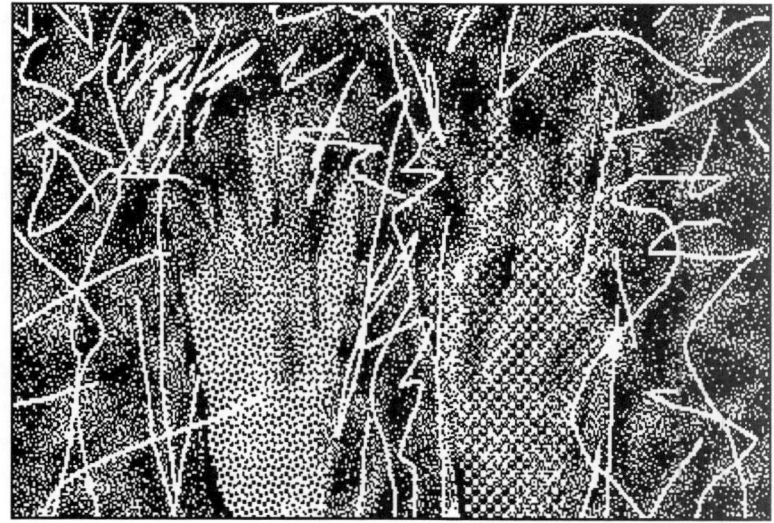

et nous irons jusqu'à dire
pour vous faire plaisir
toujours pour vous faire plaisir
que nous n'entendons pas les coups de feu
qu'il n'y a jamais eu de coups de feu
de plaintes
de cris
d'angoisse
de mirages
de malaise
de misère
tout est lointain
estompé
sans faille
secondaire
tranquille
sans conséquence
aucune

notre ciel s'est appesanti
nous le voyons bien
personne ne dira le contraire
nous en savons tous quelque chose
mais nous irions aussi jusqu'à l'oublier
dans notre effort de négation
peut-être aussi n'avez-vous rien à vous reprocher
serions-nous tous coupables de la même guérison
peut-être n'avons-nous pas su voir pour nous-mêmes
comme autrefois
quand nous ne savions que cracher dans la forêt

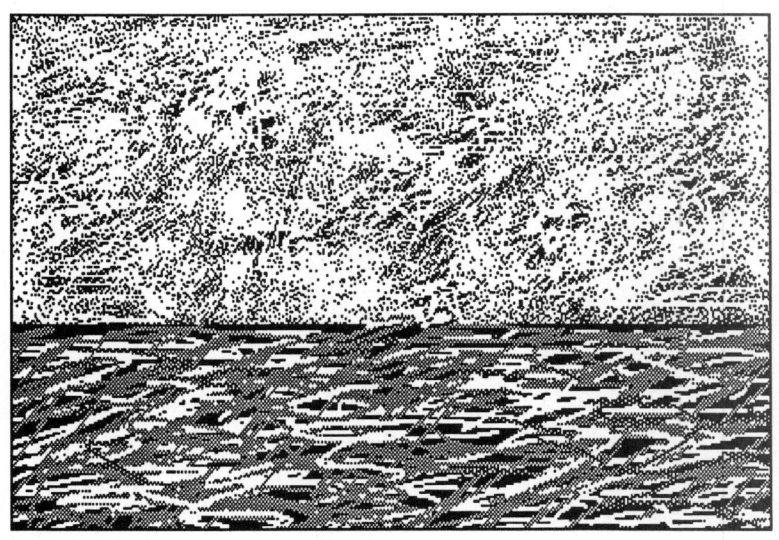

votre rire s'est transmuté en musique
la musique de votre corps en rafales
un dérapage dans la tuyauterie assourdissante
sur la céramique
sur la réclame en quadrichromie
se répercutant dans l'espace sonore
se logeant comme un coup de poing
dans la tempe
tandis que le cerveau s'écraserait
sur la paroi de sa cage
et je comprends soudain
tout
je comprends tout
je comprends que toute ma vie je n'ai fait que vivre
vivre pour comprendre
comprendre dans l'espoir d'être un jour emporté
dans le fulgurant vertige de la vie

le métro
une interrogation qui roule
qu'est-ce que j'en sais
c'est un moyen comme un autre d'oublier
tout est mouvement
quoi qu'on puisse inventer
quoi qu'on puisse en dire
etc
…

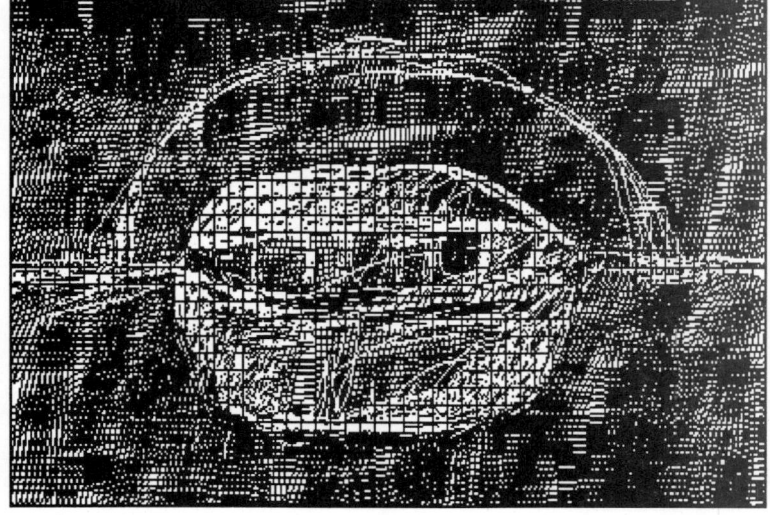

du matin au soir
quant à la nuit
je n'ai jamais su très bien
à quoi elle pouvait servir
une proposition
un immense réfectoire
une chambre d'échos
une sonde
et parfois
dans le corps
le bruit lointain et vaste
d'invérifiables sismographies

l'univers est un frisson dites-vous
dont votre voix serait la cage de résonnance
plutôt l'univers est une masse irrésolue de désir
blanc d'iceberg désamorcé dans la tempête
volatile et explosive
à quoi peut bien servir la nuit
viscéralement parlant j'entends

le métro s'arrête à la station Eldorado
je vais descendre
je descends
je suis descendu
l'image est dans mon dos
vous allez continuer seule
contre-champ de l'anonymat
habituée et habitable

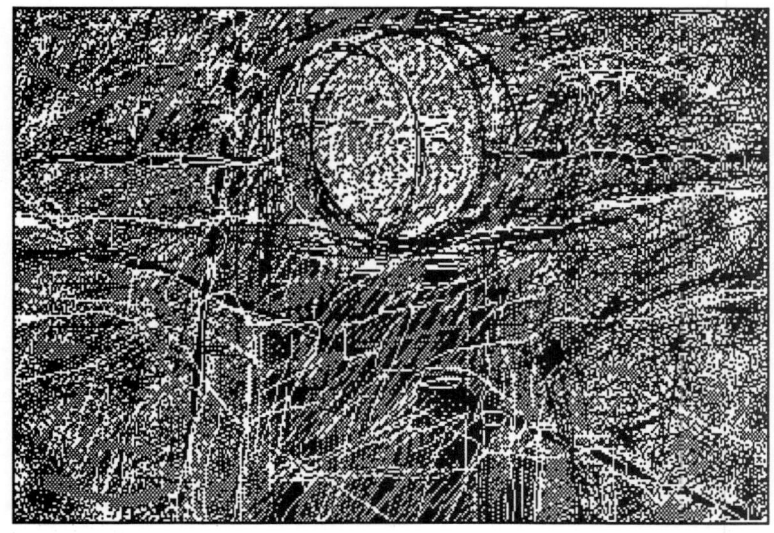

vous ne répondez pas
vous ne répondez jamais

je viens de saisir

un projecteur s'allume
sa lumière me brûle jusqu'au fond de l'âme
je viens de voir ce que je n'ai jamais osé dire
je suis l'homme au cœur éclaté dans le métro
je viens de comprendre
que toute ma vie
je n'ai fait que vivre
sans égard pour les parcours
pour les déchirures

alors vous avez remonté votre tricot
polyester rouge sur votre épaule
vous avez rejeté vos cheveux en arrière
la légitimation d'un ouragan
j'avais si peur que vous aussi
vous n'éclatiez en morsures

la brûlure est passée très près de nous
votre cœur s'est remis à battre
imperceptiblement

le métro s'est arrêté à la station Eldorado
je suis descendu
et vous
à quelle station vouliez-vous descendre déjà

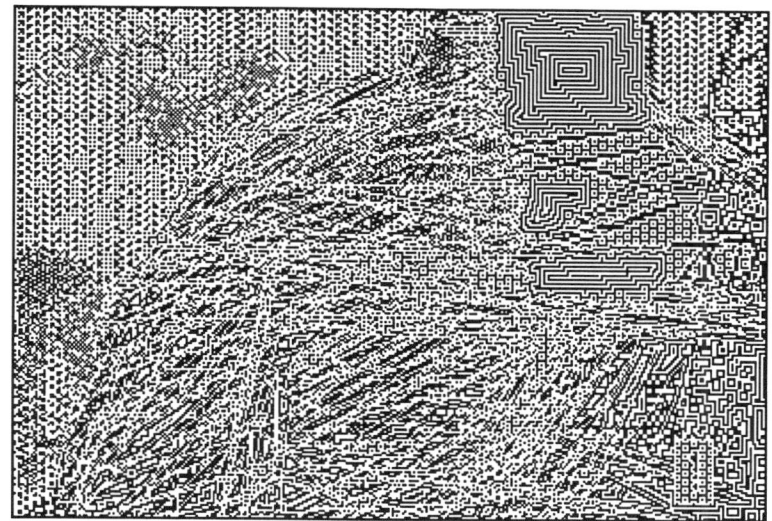

carte de la ville (surface)

agrandissement isolant le lieu de l'incident

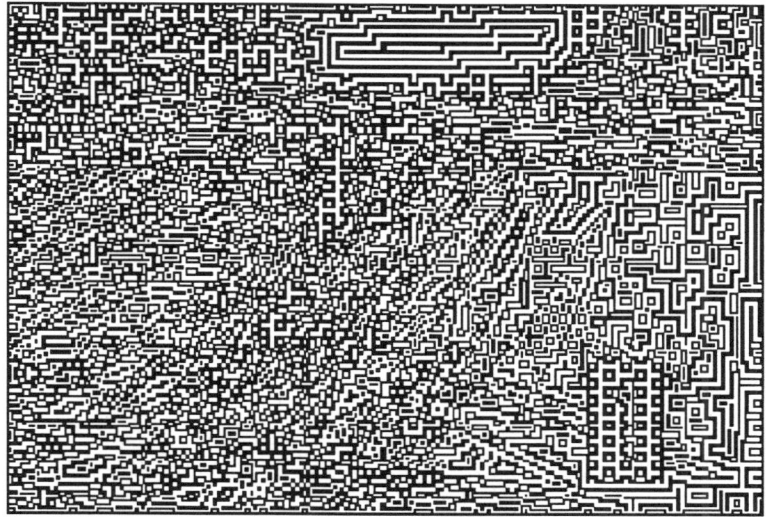

vous êtes restée dans votre univers
de vinyle d'acier de plastique ou de caoutchouc
dans le coma de la nuit
à vous diriger en secret
vers le secret des choses

j'entendais
votre cœur battant au cœur du tunnel

oui

j'ai su alors comme on l'apprend sur le tard
dans les journaux
que vous aviez mis tout ce temps
à reprendre sur vous la violence du monde
mais tout ceci n'était qu'une rumeur
impénétrable et cruelle comme l'hiver

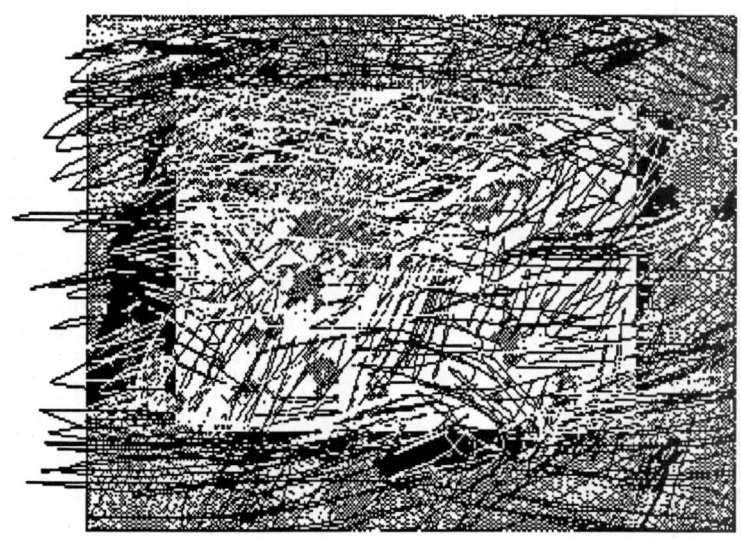

faites-moi croire alors
oui
même si tout clignote
que tout est en alerte
que tout est compromis
faites-moi croire qu'un jour
nous serons rendus à nous-mêmes
pour nous vendre
pour nous dilapider
pour nous abandonner
partout et ailleurs
surtout comme toujours

à corps perdu
à cœur ouvert

enlevez cette dernière réplique
elle est inutile
elle est banale
elle est outrageante
elle compromet le scénario

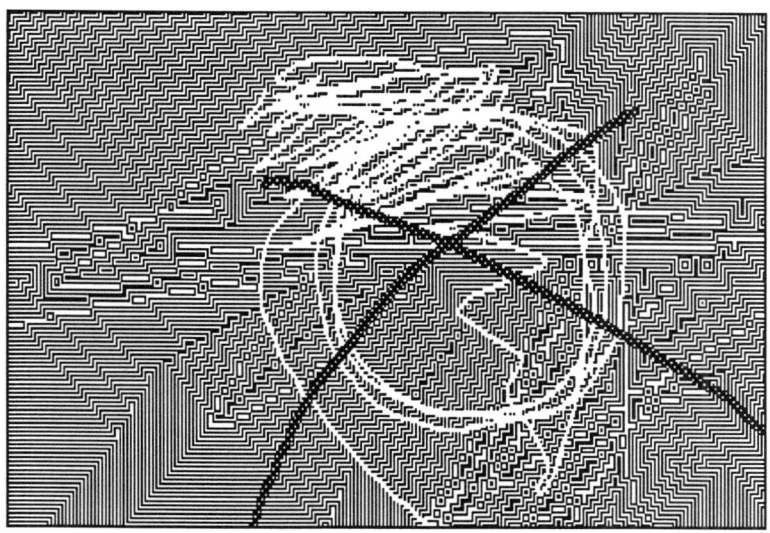

je suis descendu à la station Eldorado
dans la rue
la nuit s'épuise en intentions délicates
le parfum camoufle notre raison
délivrés
lamentables
hilares
quand on veut s'aimer
ou se haïr à volonté

et soudain nous sommes projetés
au centre d'un séisme
dont personne ne va plus se donner
la peine désormais
de mesurer
les irréparables dégâts
brûlé en son centre vif
blanc centrifuge
concentrique
œdipe au cœur diaphane et consterné
aveuglé par le froid de la nuit
régnant dorénavant
sur toutes choses
sur l'univers
sur la nature
perdant son souffle
condamné pour toujours
marchant en ligne droite autour du cratère

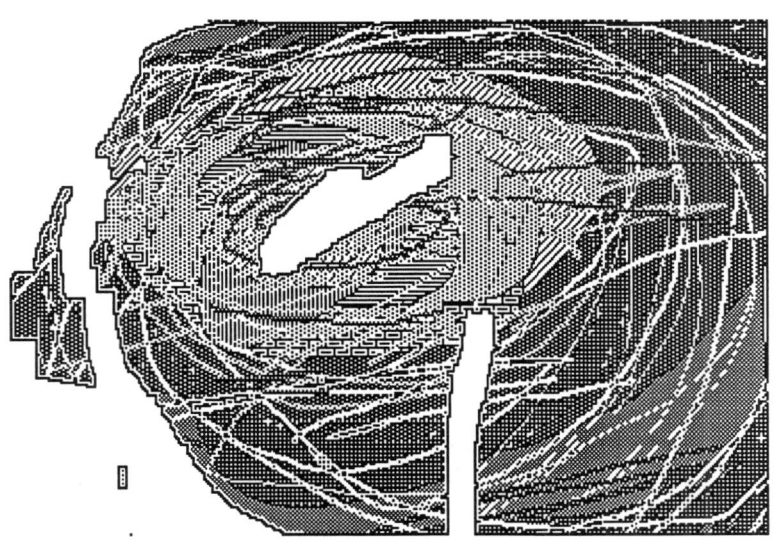

et c'est comme ça que nous l'avons appris
vous veniez d'échapper la violence du monde
elle vous pesait sans doute trop lourdement
dans les bras
tandis que nous prenions vos seins par distraction
par colère
par vengeance
sans autre lieu où s'arrêter
le refuge abstrait de votre corps
abondamment accessible
sans scrupules
désormais

de cette époque
il est resté des phrases confuses
enchevêtrées et bavardes
peut-être pourrions-nous en citer une
elle dit comme ceci
méfions-nous désormais des engins
perforant la nuit jusqu'au cœur du banal
leur parcours pourrait bien être celui
allant de l'imprévu à l'immuable
là où tout tourne
se confond dans la crainte et la frayeur
car nous sommes les enfants indignes
d'un frisson désolant
tremblants et dépouillés
sur la terre de l'indécence
la peur menace
la science étoile jaillit et jugule
jusqu'à notre crédulité

2. répétitions

je survis au cœur de la peur comme à d'autres un désir flou et essentiel une inconstance vague et malapprise une pulsion qui dévore sans nulle part où aller
l'errance n'a d'autre latitude que celle qu'on lui greffe

nul lieu ne nous habite
une phrase que vous avez lue quelque part et qui s'enfuit de votre bouche comme un torrent de fumée et l'on comprend tout de suite qu'il fait très froid et que c'est l'hiver depuis longtemps

et je suis à vous comme vous êtes à cette crainte tranquille
à mon devenir facilement volatil à mon illusion inégalable
et nous savons que la trace de toute chose restera en nous à
jamais comme l'espace maladroit d'un temps où les choses
ont tellement tardé qu'il est impensable désormais de croire
en leur accomplissement

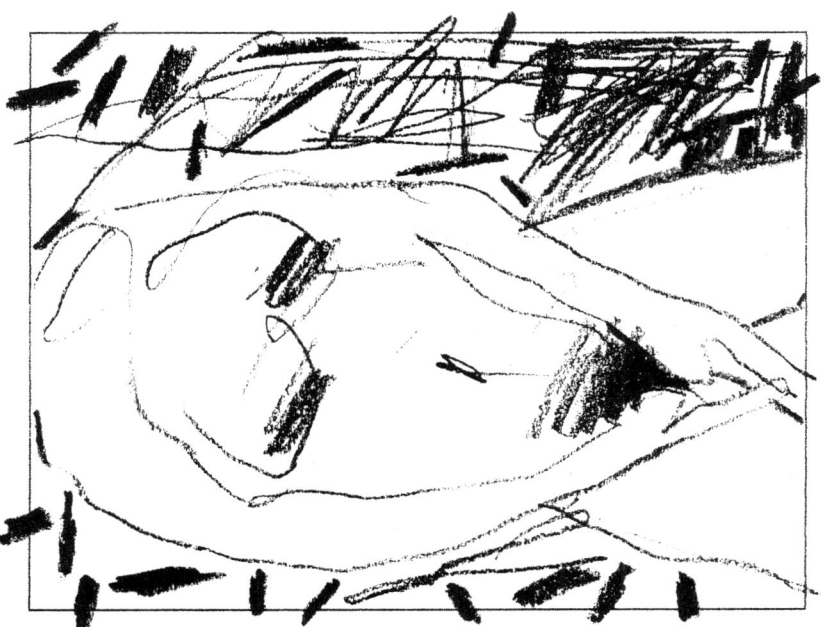

vous êtes peut-être à moi de la seule manière dont j'aurai pu être à vous comme nous sommes toujours aux autres de la seule et unique manière dont ils ont cru bon de nous imaginer (nous comprendre) et pour tout dire nous sommes peut-être étouffés dans notre silence comme dans un châle qu'on mettrait sur un enfant pour le protéger contre les peurs et les craintes de la nuit
le monde est si grand quand on prend conscience des êtres et de leurs habitations probables

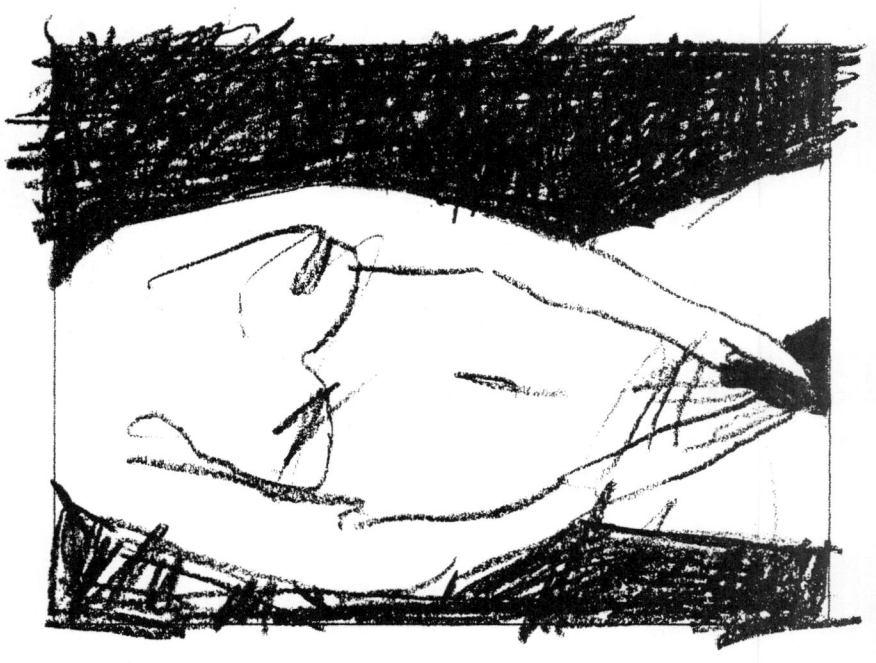

dans les villes poussiéreuses et malodorantes où je me rendais parfois je ne me souviens que de vos champs nostalgiques et de la mer inconstante qui en bordait la route d'une dentelle indéfectible
retrouver la volupté et l'illusion de prendre corps dans le sentiment de m'envoler pour vous retrouver sur de très hauts plateaux mais vous n'étiez jamais là vous ne m'avez peut-être jamais attendu au fond tout ceci s'éteindra un jour dans le paysage en y abandonnant une petite marque fébrile et mystérieuse quelques mots indéchiffrables et imprécis j'en suis tellement persuadé et vous-même à quoi ressemblerez-vous alors
qui fixera votre image votre voix et votre corps
vous êtes si loin je vous entends à peine
ce n'est pas de ma faute si je n'ai pas les yeux qu'il aurait fallu

mais je distingue votre rire morfondu je vois votre sourire maladroit mais je ne sais pas ce que vous voulez entendre auriez-vous aimé entendre quelque chose

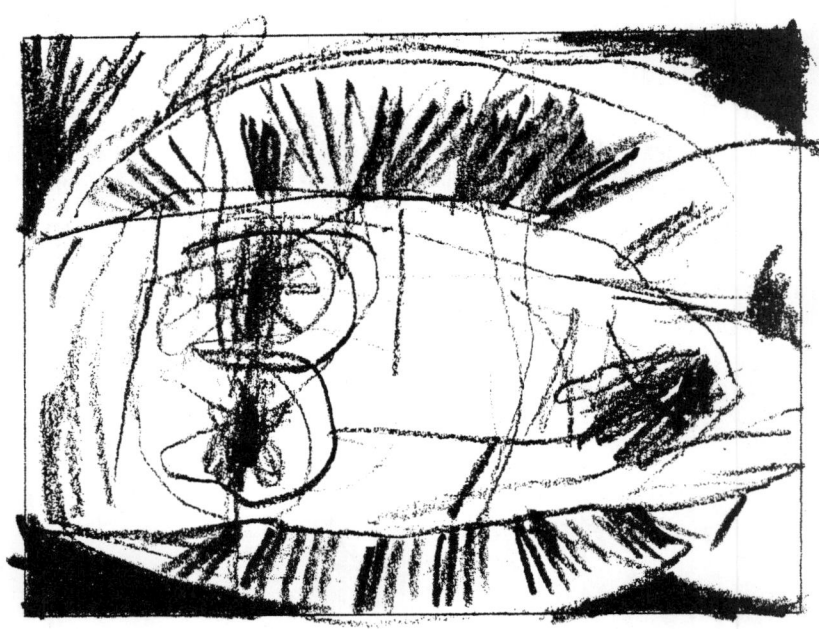

sur les écrans désormais irrémédiablement silencieux on a projeté des diagrammes de votre rire mais c'est encore plus désorientant
je sens bien que je suis à la dérive autour de mon point d'arrivée car vous étiez mon point d'arrivée
croyez-moi il y a déjà eu pire et le pire arrivera peut-être à force de conjurations à force d'invocations insidieuses d'inavouables prétentions

je me souviens quand je vous téléphonais et maintenant je l'apprends de vive voix que les voisins les amis ils mentent aussi
ils lisent
ils ont construit eux-mêmes leur maison sur une terre arrachée au doute et au compromis

je ne veux pas
je ne voulais pas de cette terre qui creusait sa blessure en moi je ne voulais croire qu'à la confiance de votre désir et vous laisser m'envahir dans toutes vos périphéries et l'absence s'est installée comme un harcèlement le vide prenant la forme de votre corps s'évanouissant au moindre désir

mais j'ai toujours désiré votre parfum et votre manière indécente d'exposer votre corps comme un ostensoir dans les reposoirs de mon enfance quand vos cheveux éclataient dans mes draps j'aurai (j'ai) donné ma vie pour vous avertir pour vous consoler pour vous produire en moi comme le spectacle contraint de l'abandon le mot est-il assez terrible et marquera-t-il entre nous un désaveu à son injuste disproportion
comment avez-vous pu me laisser faire
comment ai-je pu croire que vous m'aviez laissé faire

vous étiez si grande parfois que j'en ai gardé pour toujours
au fond de l'âme le vertige et la contrainte

j'avais le vertige c'est vrai vous vous en étiez aperçue et chacun notre tour nous vivions dans la démission échangeant parfois ce que nous pensions être nos rôles au cœur de nous-mêmes

parfois quand on chante dans le métal et que le corps bleuit à vue d'œil troué par les souvenirs où il finit par sombrer il est alors possible d'avoir une vague idée de ce que tout ceci peut représenter

faudrait (a bien fallu) voyager et quand j'y pense aujourd'hui il me vient l'image où nous courions c'était la nuit nous frappions à toutes les portes notre corps était en flammes nous ne trouvions pas de lieu pour nous éteindre et nous allions partout sans nulle part où déposer notre fardeau sans maison dont nous aurions pu garder la clef sans oreiller pour amortir notre immense et incontournable chagrin

je vous cherche depuis tant de nuits sur tant de terres sauvages et hostiles que je ne sais plus de quelle couleur est votre cœur ni de quel ennui vous avez maintenant auréolé votre musique

car votre musique est ennuyante maintenant et même si vous faites semblant de rire nous savons que vous ne riez pas mais que vous pleurez à tue-tête et sous le maquillage qui se fissure on pourrait s'y tromper mais ceux qui vous ont connue savent

ils ne mentent pas ils ne lisent pas ils vous entendent ils savent que votre voix est toujours aussi blanche aussi fragile et désarmante quand vous gémissez sur les ondes de la déception mais vous êtes si prenante que plusieurs se sont pris au piège
on raconte votre légende
c'est inquiétant mais c'est toujours vous
tant de glorieux et entreprenants personnages se sont à ce jour égarés dans le piège magique et ensorcelant de votre plainte croyant entendre le cantique de votre détresse comme autrefois la nuit sur l'autoroute quand on glisse pour s'écraser avec fracas dans le béton inexorable des constructions modernes vous êtes toujours là vous me prenez par la main et vous me montrez de nouveaux paysages pour finir par conclure inexorablement que ce n'est pas si terrible qu'il faut cesser de gémir et cesser de fracturer le réel
comment faites-vous pour renaître constamment à toutes nos défaites

ce soir j'écoute la même voix blanche qui murmure dans l'oreille de la nuit des appels à l'aide à la justice à la consistance mais vous connaissez tant de refuges qu'il est difficile de vous parler autrement qu'à mi-mots à travers ce langage voilé inconséquent et puis vos mots se font si rares qu'on devrait peut-être vous les laisser et ne plus vous répondre vous êtes tellement fragile quand vous parlez tellement fragile qu'on pourrait croire que vous allez disparaître dans le fracas d'une irréparable déchirure

mais quand on vous regarde dans les yeux on voit bien que tout se confond que vous êtes un mystère profond dont la sonde n'a pas fini de troubler et si un jour vous éclatez comme vous êtes en droit et en devoir de le faire je voudrais être là pour vous prendre par la taille pour danser et cette danse ne s'arrêtera pas je vous le promets
croyez-moi je vous le promets

3. synopsis

je suis assis à un bar dans une ville étrangère devant une femme qui ressemble à une vedette de cinéma et je pense à toutes les fois où je me suis assis devant vous à vous réinventer, à l'époque où nous faisions beaucoup de route dans l'espoir de toucher au but.

je pense à toutes les fois où votre visage s'est désintégré dans mon lit pour renaître à d'autres formes et à d'autres chimères. à d'autres routes. et je me souviens abruptement d'un soir où nous roulions près d'un littoral quelque part au bord d'un océan. le soleil se couchait menaçant dans un ciel où je voyais toutes les superstitions de mon enfance. j'entendais à la radio la plainte millénaire de l'occident en faillite et pour un moment j'ai eu l'impression que tout ce qu'il me resterait de mon passage sur cette terre ce serait vous. ou plutôt l'image de vous. mon bras autour de votre épaule et nous allions vers le soleil dans une orgie de mauves, d'orange et de cramoisis. et quand la musique s'est arrêtée, c'était la nuit. vous regardiez le paysage dont l'herbe verte tournait au bleu et je voyais mon reflet dans la fenêtre de l'auto, dans vos cheveux, comme si je voyais ma voix, que j'entendais mon nom, que je me reconnaissais pour la première fois.

où êtes-vous allée ensuite?
pourquoi ai-je laissé votre visage se désintégrer?

il faudrait autant de souvenirs que mon âme peut en contenir pour me faire oublier le violon lourd et nostalgique de l'époque éphémère où je marchais avec vous dans des vêtements trop grands pour moi.

---

nous habitions à l'époque près d'un parc, un espace préservé au cœur d'une grande ville pour faire croire que la grisaille ne nous emporterait pas. je vous revois sur les marches de ma maison, quelques heures avant la nuit, la tête dans les mains à regarder le béton et la verdure qui persistait à s'y faufiler. et moi je marchais vers vous mais en fait je courais, j'avais tant hâte de voir votre paysage, votre usine, votre océan. comme si soudain vous aviez aspiré toute la couleur du monde et qu'il ne restait plus que vous de remarquable dans cet univers de brunante et d'intempéries. vous aviez survécu à tant de coups, à tant de sinistres que j'en étais venu à vous croire inaliénable. mais je me trompais, et j'aimais me tromper avec vous.

---

comme c'est étrange. je veux dire ce besoin soudain de remettre son cœur dans les mains de quelqu'un d'autre. si vous saviez comme je me méfie désormais, comme je me surveille, comme je me protège.

je sais aujourd'hui, par une urgence étrange de faire des mises au point, que je ne ferai partie d'aucun mythe, d'aucune nuit où le brouillard me masquerait la direction au point de me faire croire que nous sommes unanimes et sans faille. je veux rester pour toujours dans le soleil couchant à glisser avec vous vers le soir comme quand on perd contrôle dans une nuit de verglas et qu'après on devient aveugle. et qu'après on perd le sens de toutes directions et de toutes mesures. et qu'après on oublie la couleur et que tout s'enlise dans le bruit de l'océan.

aujourd'hui je vous parle de mon monde cryogéné, de notre univers de poussière dont je suis devenu pour toujours l'archiviste et dont chaque fragment me donnera à jamais le vertige. à cette époque, la mémoire devint un refuge plein de circonvolutions, un entrepôt dont les ramifications d'une complexité inouïe avaient fini par épuiser notre persistance, notre chimère de durer. mais vous je vous garde et je vous regarde dans un couloir de pierre, à travers une muraille de cristal où vous apparaissez comme un hologramme, comme une idole éternelle du cinéma de la nuit des temps. et à certaines heures de la nuit je sais, quand votre désir me traverse, que votre énergie se poursuivra jusqu'à ma frontière... ... ... mais je sais aussi que vous me tuerez peut-être pour avoir révélé votre terrible secret... ... ...

je viens d'entendre, à l'autre table, quelqu'un qui raconte que la Pologne est à l'Est ce que l'Irlande est à l'Ouest. une terre malheureuse déchirée par toutes les contradictions et vampirisée par tous les excès. qui va remarquer cette petite égratignure à la surface de votre corps lisse et doux quand vous allez vous dévoiler peut-être pour vous compromettre. comme auparavant quand vous regardiez le ciel en prétendant y faire apparaître des constellations. vous preniez ma main alors et vous dessiniez au firmament des visages, des corps célestes, des promesses parfois si rassurantes. vous lisiez dans mon cœur en tirant au hasard mais vous ne passiez jamais à côté. la nuit était immense et nous avions le ciel pour refuge.

---

mais c'était toujours à refaire. vous ne l'ignorez pas, je sais, mais je tenais à vous le rappeler, bien sûr avec toute la discrétion du monde car je sais que votre emploi du temps est fort chargé désormais et ne vous permet peut-être plus de vous abandonner à de telles considérations.

---

mais vous étiez ma nuit irisée comme un prisme dans un laboratoire où le temps perdrait peu à peu sa fonction. et la rumeur de la douleur du monde ne nous atteignait qu'en de rares occasions quand dans son vacarme incessant elle arrivait à trouer notre écran et à faire que le sang se répande sur notre étage. mais vous saviez si bien le faire disparaître, le masquer que je me suis mis à vous croire quand vous me répétiez, à en perdre le souffle, que tout ceci n'était qu'une ombre diaphane et qu'un jour nous allions tous mourir noyés dans la lumière.

je vous ai si souvent vouvoyée, par le passé. je croyais à vos révélations. je les ai crues le soir où vous m'avez montré une image d'un homme estropié qui marchait dans la neige et qui regardait dans une fenêtre, dans la pénombre où il n'y avait personne. et vous m'avez dit que cet homme c'était moi. c'est à ce moment exact que j'ai entrepris de vous croire. je n'ai jamais douté depuis.

---

depuis vous m'avez demandé tant de choses sous des lumières toutes aussi vacillantes les unes que les autres que j'en ai perdu pour toujours le sens de toutes directions et que mes routes sont désormais éclatées jusqu'au bout de mes capillaires.

à cette époque vous dormiez à la chandelle dans une maison mal chauffée, dans un lit humide où le vent entrait avec des cris désespérants. j'étais un voyageur égaré venu frapper dans la froidure de votre porte pour demander ma direction. et vous m'avez pris dans vos bras comme un enfant qui se serait trompé de famille. près de votre maison où la lune ramenait l'océan j'avais appris à m'arrêter pour voir la nuit prendre la couleur de votre volupté.

---

je posais mon corps comme une pierre sur votre cœur ou comme un écran devant vos yeux car je ne voulais pas que vous soyez témoin de ma peur. je ne voulais pas que vous vous sentiez obligée d'y prendre part. j'avais si peur que le vent ne vous emporte.

mais il y a tant de vous. il y a tant de fois que je mettrai ma main sur ma bouche désormais pour ne pas vous confondre avec les mots, avec ce besoin capitaliste et démagogue de compter, de multiplier, avec le tissu bleu de votre costume qui vous inonde à la grandeur de ce bar sur les rives duquel nous allons camper ce soir. je resterai près de vous à vous nommer par votre vrai nom ou à vous dire que vous êtes ma vedette préférée, que je vous déteste ou que je vous aime peut-être comme si vous aviez déchiré mes mots, mes cartes géographiques trop petites pour qu'on puisse les recoller. et que je dois de nouveau frapper à votre porte. pour vous demander mon nom, comme c'est humiliant. pour vous demander mon nom. peut-être vous souvenez-vous de la fois où je suis allé vous demander ma route ou ma folie ou ma raison d'être. je suis allé tant de fois frapper à la porte de votre désir que vous avez fini par devenir pour moi un immense labyrinthe, une soif constante dont le fil n'en finit plus de se rompre. j'avais besoin de vous. il n'est pas certain que le contraire soit vérifiable.

une nuit je vous ai suivie jusque dans la musique. vous aviez le corps uni et intact des images vénérées et je me suis approché de vous pour regarder dans vos yeux, au bord d'une falaise où le vertige nous inspire. cette nuit-là nous avons ouvert nos ailes et nous avons tournoyé sur les flammes jusqu'à l'autre côté du précipice. vous m'aviez dit que c'était là où les couleurs se nouaient dans l'éclair aveuglant de votre magie. mais je suis resté prisonnier de votre regard et quand votre cri a traversé la nuit, il m'a semblé que c'était moi qui criais par votre bouche. que chaque nuit je crierai ainsi, comme vous me l'avez montré, comme je n'ai jamais oublié.

---

je vous écris pour comprendre, pour aller au bout de mes mots, car je sais à présent que je mourrai tout au bout et dans le manque de mes mots.

---

il fut un temps où je vous apprenais à parler, où je ne voulais plus cesser d'être dans votre séisme. j'aurais voulu que ma voix soit comme un continent que vous auriez pu habiter. quelle présomption. quelle chimère. moi dont la voix n'est qu'un mince filet entretenu par votre souffle et vous dont le souffle n'est qu'un faible respire dans le vent de l'univers.

---

quand je vous ai rencontrée vous cherchiez votre voix, vous vouliez qu'elle soit comme un chapiteau, une pyramide, une cathédrale, un acte de foi, un rempart contre l'éternité sévère qui nous fait douter du bien-fondé de notre existence. vous aviez choisi ce qu'il y avait de plus fragile en vous, de plus présent, de plus banal. et je vous admirais tant quand vous éclatiez en larmes ou en musique car c'étaient deux endroits où vous m'aviez toujours interdit d'entrer. je vous avais appris à pleurer même si je n'ai jamais très bien su et vous m'aviez montré à chanter même si je n'ai jamais très bien appris.

quand vous êtes partie, la musique s'est arrêtée. maintenant quand j'entends votre voix, vous me faites constamment signe de ne plus avancer, car vous savez, aussi bien que moi, que je mourrai au bout de mes mots et que vous n'y pouvez rien. votre voix n'est plus un rempart. votre voix n'existe plus.

je me revois aux temps insouciants où nous habitions à la périphérie du doute. mais ce soir, sans doute avons-nous perdu toute mémoire, et si vous êtes assise en face de moi à me sourire de toutes vos lèvres, je comprends bien que vous sacrifiez là à une convenance et que vous vous entêtez encore à faire échec à l'angoisse. que vous êtes mon reproche, pour ce que je suis devenu, pour ce que je n'ai pas su être, dire ou faire. allez-vous donc sans cesse me le reprocher?

vous m'aviez dit un jour que le bonheur n'est pas un refuge, plutôt simplement l'éclat intermittent de chaque instant qui se fracasse comme un petit arc-en-ciel fragile sur le rocher de la mort. vous aviez tellement le sens du drame. vous saviez tellement alimenter toutes mes peurs que vous cultiviez comme un grand jardin.

je voulais que nous déménagions, que nous nous rapprochions du centre où nous aurions pu côtoyer les entremetteurs de la certitude. mais vous n'avez jamais voulu abandonner votre jardin de fruits sombres qui mûrissaient à la périphérie du doute. je ne vous l'ai jamais pardonné.

est-ce que vous saviez qu'il y a des gens sans images d'eux-mêmes, sans mots pour se dire et sans musique pour se rappeler? est-ce que vous aviez pensé que nous appartenions peut-être à ce peuple qui ne sait que pleurer dans la solitude embrouillée de son destin? mais vous saviez certainement que nous étions à l'errance et à l'abandon ce qui fait que... la nuit... l'été... parfois... nous ne pouvions réprimer les soupçons de violence qui montaient en nous pour éclore comme les fleurs brutales de la colère... je vous revois sur une rue. il y a du vacarme, des matraques, des femmes qui courent en mêlant leurs cris à celui des sirènes; il y a des moteurs qui grognent contre le silence dans le soleil couchant; il y a des chiens qui bavent au bout de leurs laisses; il y a des chevaux avec des policiers en armure; il y a vous qui marchez au travers de ce dégât comme si vous marchiez sur une plage à la mer en torture. et les flèches ne vous atteignent même pas.

---

c'est un été trop chaud. vous continuez votre marche en pleine lumière comme s'il n'y avait jamais eu d'arrêt entre la violence et la chaleur. vos cheveux sont remplis de plumes, le jour vous découpe brutalement sur le bleu de sa toile de fond. la lueur de l'océan vous fait comme un miroir. votre spectacle se prolonge et je fais semblant d'oublier la face cachée de la misère. nous oublions ces peuplades sans visages et sans mains qui s'agitent quelque part dans notre sommeil pour nous abandonner à la caresse du vent.

---

et j'étais le vent dans votre vie comme vous étiez le feu dans la mienne.

mais... je vous ai dit un jour : «déplacez-vous un tout petit peu, je vous en prie.» de tout petits mots qui ont fini par tout déchirer. de votre vie vous avez alors fait surgir toute la peine des instants maladroits où le monde s'était refusé à vous. vous vouliez des précisions et je continuais à fournir des approximations.

---

mais je voulais fermer la porte pour m'entendre dire que notre ailleurs serait désormais cette chambre où nous allions nous aimer sans la crainte d'être constamment interrompus par les faiseurs de discours, les prédicateurs, les martyrs, les bourreaux et les rôdeurs de toutes sortes. mais vous m'aviez fait comprendre que cette fuite n'était en fait que le désir déguisé de ma folie et qu'à vivre ainsi j'aurais peut-être fini étranglé en moi-même et plus tard emmuré dans la froideur humide de mes contradictions.

---

mais comment dire aujourd'hui que je veux encore revenir sur le rivage de vos lèvres dans la marée abondante de vos mots avec lesquels je voudrais refaire mon lieu... avec lesquels je voudrais réentendre votre musique.

---

dans le bar quelqu'un joue du piano. trop fort. il est minuit. c'est l'heure des révélations et pourtant il ne se dit rien. peut-être êtes-vous passée. je suis seul à table. à boire.

# 4. première version

Vous n'allez pas encore me dire, avec la voix du renoncement, que tout est souffrance. Je sais déjà tout ça.
Vous n'allez pas encore m'en faire le reproche et me prendre pour le responsable de votre désarroi. Je n'ai fait que promettre ce que je ne pouvais pas donner.
Je sais tout ça. Comme une masse informe et inutile, lourde et encombrante.
Mais vous me l'avez tellement rappelé (oui, il y a des redites, même dans les meilleurs ouvrages de l'esprit)... vous rappelez-vous?
Vous saviez si bien m'emplir d'un remords acerbe quand votre voix se métamorphosait en une suite de soupirs rageurs et contenus et que je m'épuisais à vous fournir des précisions qui auraient pu en endiguer l'apparence. Vous étiez sans cesse dans le registre de l'impatience. Comment aurions-nous pu nous entendre?
Mais je vous parlais constamment. Dans les restaurants, dans les taxis, dans les machines montées au bout de leur ressort d'où ma voix s'échappait comme un mince murmure porteur de tant de craintes et d'obsessions, d'un désir constant et nébuleux de me perdre dans votre regard, je vous parlais toujours. Je n'avais personne d'autre à qui le dire, je ne voulais personne d'autre pour l'entendre.
Vous me répondiez toujours dans le registre de la banalité et vous preniez un plaisir sans doute étrange à me reprendre.
J'avais épuisé les cordes de mon discours et vous celles de votre obsession mais nous restions là face à face, à la dérive, l'orchestre jouait très fort, des orateurs écumants de menaces s'évertuaient à nous juger. Autour de nous tout le monde riait mais vous étiez encore et toujours la plus bouleversante.

Vous me faisiez languir car au fond vous n'avez jamais su que poser des questions. Nous vivions une vie interrogative. Faisant semblant de ne rien comprendre. Doutant de tout, surtout de nous-mêmes. Imaginant les pires dénouements.

Vous étiez toujours à la remorque de quelque faux prophète. Vous débarquiez toujours d'une autre vie. Vos bagages étaient toujours trop lourds et vos yeux surgissaient parfois du brouillard avec cette infinie tendresse que vous aviez su rapporter des plages de votre enfance mais comme il était périlleux de s'aventurer entre vos rochers. Et si votre mer est turquoise encore aujourd'hui, c'est que nous nous sommes tous déchiré le cœur sur vos récifs.

J'imagine parfois que c'est l'hiver. Un hiver comme nous en avons connu à dormir sur les planches de la froidure, à lire à la chandelle et à attendre que quelqu'un vienne nous ouvrir un chemin dans la tempête. J'imagine alors que nos bouches se rejoignent et que nous restons tous les deux ensemble à combattre le même frisson.

Mais si je parle aujourd'hui c'est à m'en fendre le cœur. Je sais que vous n'aviez pas de réponses comme je sais que lorsque le givre viendra envahir ma fenêtre je devrai me geler les mains pour me fondre un passage à la lumière et voir si dehors vous ne seriez pas là à m'attendre comme autrefois quand vous étiez en retard et que j'étais en amour.

Vous étiez si convaincante.

Parfois j'aurais voulu vous prendre par les cheveux, vous coller brutalement la tête contre la vitre jusqu'à ce que votre image se déforme, que votre salive se répande, que votre voix de sorcière me prédise que j'allais désormais crier, que je serais prisonnier de ce cri dont vous seule alliez me délivrer. Et je serais parti de par le monde pour trouver mon remède parlant la langue de tous les charlatans, dans des lieux imprécis et inquiétants, sous l'effet des astres et des drogues pour dérober aux morts leurs énigmes et à la galaxie sa ligne de force. Je me serais caché le jour dans la tanière des animaux et la nuit j'aurais circulé sous tous les déguisements et les noms d'emprunt. Je serais ainsi arrivé à la frontière du doute, j'aurais soudoyé les douaniers. Je leur aurais dit que je venais de l'univers du cri. D'abord ils ne m'auraient pas cru. Personne ne s'est échappé de l'univers du cri mais ils auraient fini par se rendre à l'évidence et c'est eux qui m'auraient caché dans un convoi en partance pour le continent de la lumière, là où vous m'attendiez, là où je m'en allais depuis toujours sans savoir que j'étais en retard.

Mais je retardais sans cesse le voyage. Je ne demandais qu'à vous voir, qu'à vous parler car j'avais l'impression que vous cachiez des cartes secrètes pour les chercheurs de trésors que nous étions. Depuis, j'ai compris que dans vos yeux il n'y aura peut-être que des autoroutes et que le monde de transparence que nous attendions et que vous nous aviez promis s'en ira peut-être dans les spirales évanescentes de notre mémoire.

Pourquoi n'avez-vous rien dit? Pourquoi m'avez-vous laissé parler jusqu'au bout de mes mots, jusqu'à ce que mon souffle ne soit plus qu'un paysage dur et blanc. Un autre hiver emmitouflé dans son silence. Un autre espace qui survit. Une chambre d'échos lointains bleus et argentés, remplie de personnages qui n'ont jamais repris la parole et qui sont restés des reproductions figées sur la scène de mon enfance.

Vous étiez comme un bruit constant, le rappel de ce monde ciselé dans la chaleur et les souvenirs quand le feu vous inquiète et que les odeurs vous réveillent. Vous m'aviez promis qu'un jour j'entendrais à nouveau ce bruit et que je vivrais réconcilié avec cet univers. Je serais alors devenu l'écho de ce bruit comme à la brunante quand nous jouions sur la glace et que les chiens faisaient entendre leurs jappements désespérés dans les arbres bleus. Vous aviez vous-même participé, un peu, à ce silence, vous en deviniez les immenses ressources, la puissance sourde qu'il contenait. Vous saviez tout cela mais vous n'en disiez rien, vous contentant de gémir avec plus ou moins de conviction chaque fois que quelqu'un en revenait rapportant avec lui de vagues et inquiétantes nouvelles.

Pourquoi n'avez-vous rien dit? Pourquoi avoir laissé passer tout ça sous le couvert de la démagogie et de l'excuse alors qu'il s'agissait du fragment le plus important et peut-être, en définitive, de la cause, de la promesse elle-même?

Pourquoi alors avez-vous choisi le registre de la déception et du reproche?

Vous saviez si bien étirer le temps jusqu'à la limite de son élasticité, on aurait dit jusqu'au point où les nombreux murs qui nous contenaient devenaient flous et commençaient à se retransformer. Il en résultait des mondes où votre beauté survivait sans cesse à toutes les menaces.

Je faisais alors appel à votre volupté pour qu'elle m'entoure, qu'elle crée une paroi amovible à l'intérieur de laquelle j'aurais pu me glisser pour me déplacer par des ouvertures incessantes et des passages secrets jusqu'à la grande muraille rouge qui se gonfle et obéit aux convulsions du mystère. Mais vous m'aviez interdit tout passeport pour cette contrée et j'en étais réduit à dériver sur des embarcations de toutes sortes, de plus en plus périlleuses, de plus en plus inadéquates pour les mers agitées que vous souleviez.

Plus je m'élevais, plus je voyais, plus je comprenais que vos horizons étaient infinis et que, même en marchant aussi vite que l'Histoire, je ne serais jamais arrivé à vous immobiliser. Votre mystère était profond dans le ventre de la nuit et votre voix aussi troublante que le bestiaire merveilleux que vous aviez inventé pour le protéger.

Et si parfois je me réveille en croyant vous avoir reconnue, est-ce que ce ne serait pas eu égard à cette époque où vous traciez des parcours à obstacles dans les méandres du temps? À une époque lointaine, est-ce que vous n'auriez pas saisi le temps dans un coffret d'argent, que vous auriez ensuite enterré dans votre jardin ou peut-être scellé dans la grande muraille du temps. Un trésor dont on cherchait vainement l'emplacement.

Je voulais tout vous dire. C'est un projet que j'ai conçu il y a longtemps quand je vous écrivais dans les souterrains comme à un être dont la lumière ne fait aucun doute.

Je prenais votre corps pour le seul texte que je n'écrirais jamais. Naïvement d'abord puis de plus en plus maladroitement car les mots étaient comme des vêtements trop grands qui faisaient de l'ombre sur votre visage et qui n'arrivaient plus à vous préciser. J'avais peur de ne plus vous reconnaître sous toutes ces couleurs et tous ces bruits qui s'aboutaient si difficilement les uns aux autres quand il s'agissait de vous traduire. Je voyais que votre lumière n'avait pas de nom et j'en avais conçu un désespoir profond, une sorte de crainte irrépressible de vous oublier ou de vous confondre. Et le texte que j'écrivais inlassablement depuis toutes ces nuits s'est mis à se contracter au point où il ne pouvait que se résumer à votre seul nom. Mais vous étiez si changeante que ce nom s'est mis à s'agglomérer à des multitudes de mots qui eux non plus ne voulaient rien dire et votre lumière s'est mise à descendre. Vous n'étiez plus qu'un point lumineux, une étoile qui allait disparaître, une lueur dont personne n'aurait pu dessiner l'ombre.

Je voulais tout vous dire. J'avais oublié que le temps fait son œuvre en dehors de nous et de toutes les murailles qu'on dresse pour lui faire illusion. Seules résisteront les choses les plus anodines et la certitude qu'elles font parfois jaillir en nous. Comme le reflet de votre visage dans la vitre d'un train arrêté un matin d'hiver en pleine forêt. J'en ressens encore le bouleversement génétique.

Ce soir je vous écris sur le coin d'une table, après le repas, et j'entends votre voix qui me distrait dans ce que j'aurais aimé vous dire autrefois et je me sens comme si je vous écrivais d'un autre siècle. Un siècle où les pinceaux dessinaient la lumière en traces onctueuses autour des chandelles et où les gens auraient aimé s'habiller de couleurs austères. Quelqu'un prophétiserait à l'autre bout de la table en s'appuyant sur les manuscrits de la conscience à venir. Nous aurions tous juré d'attendre que son message se réalise pour sortir de notre poussière. J'aurais écrit en prenant bien conscience que cette lettre devrait partir pour une époque dont le destin serait nébuleux, que vous la trouveriez peut-être dans un coffre acheté à une vente aux enchères, que vous me la liriez sans savoir que j'en étais l'auteur dans une autre vie.

Dehors l'éclairage est trop bleu, c'est comme si nous avions tourné un film et que quelqu'un nous avait maladroitement oubliés sous les projecteurs. Il fait pourtant un temps splendide, sec et bleu à casser le frimas qui s'inscrit en arabesques sur notre décor. Je vous donne les répliques et vous regardez sur le mur une toute petite image qui s'est logée en vous comme une obsession. C'est une vieille carte postale qui représente un homme en train d'écrire et qui regarde au-dessus de sa feuille comme pour répéter ou chercher ce qu'il va rajouter pour poursuivre. Vous me dites qu'il me ressemble. C'est une autre réplique du film. Je vous dis que le directeur artistique l'a trouvée par hasard. Ce n'est pas dans le scénario.

Je vous ai vue tous les hivers par après.

Même si je fais semblant, même si je triche, même si je sais pertinemment bien que vous êtes démodée, contrainte, vendue... ça ne fait rien. Je n'ai cessé (et il est possible à l'heure qu'il est que je ne cesserai jamais) de vous entendre. Je vous entendrai jusqu'au moment où je perdrai la distance nécessaire pour faire renaître le relief de votre voix et de votre visage et jusqu'au moment où le relief de votre parfum s'évanouira dans les replis de ma mémoire. Je vous entendrai quand il n'y aura plus de temps et que pour parler de vous je n'aurai que de vagues descriptions ou des qualités que personne ne saura plus évaluer. Je vous entendrai par-dessus le vacarme et la brûlure, dans la rouille et la radiation, dans le vide et la déraison car vous êtes la conscience blanche et sans faille de l'hiver. Sans vous je ne vois pas de retour, je ne vois pas de moyen de tricher. Car l'hiver je vous vois toujours comme une silhouette insolite qui traverse la neige, une ombre au tableau de la nuit quand la lune vous découpe et que vous me racontez vos histoires de sorcières et de maléfices, de corps en torsion sous la torture de la révélation froide du triomphe de vivre. Et même si je triche, même si je dis que vous êtes démodée ou vendue, vous revenez toujours comme une faille, comme un séisme dans ma raison. Vous dites qu'un jour on annoncera le triomphe de l'hiver, que personne n'osera plus jamais poser les mêmes questions, que nous nous endormirons dans le train à travers toutes les stations pour finir au bout de la froidure où nous contemplerons votre monument de cristal renfermant votre cœur à tout jamais préservé.

«Je vis toujours et constamment sous l'effet miraculeux de votre charme. Même si je sais qu'il ne se passera rien, je sais absolument bien que vous serez toujours au bord de quelque chose.»

... je sais pertinemment bien que vous serez toujours au bord de quelque chose.

Je sais également, comme une menace que vous aviez l'habitude de brandir autrefois, que cette chose renferme avec elle la présence d'une humiliation sans bornes et sans merci. Le besoin profond de jouer avec sa perte et d'en connaître la périphérie seulement, de s'en approcher le plus près possible puis de lui tourner le dos, de se balancer sur le rebord de la cataracte dans un étrange numéro qui ferait pâlir tous les équilibristes. Cet état n'était pas soudain, vous m'en aviez souvent parlé comme d'un malaise irrésorbable auquel vous m'aviez chargé de trouver le remède. Mais chaque fois il se développait de nouveaux symptômes, le mal s'agrandissait, la douleur lancinait et le cirque misérable dont vous faisiez partie finissait toujours par vous récupérer dans ses rangs. Et parmi les animaux les plus bizarres et les phénomènes de la nature les plus inconsistants, vous réussissiez toujours à étonner et à séduire l'ange de la peur qui virevoltait autour de vous au sommet de la tente multicolore.

Et moi, j'étais parmi ces spectateurs de la déprime à me demander combien de temps ce manège allait durer, jusqu'où vous iriez poursuivre le vertige, jusqu'où vous alliez embrasser le mors pour vous laisser emporter dans la danse agrippée à votre ange dont le sexe vous traversait.

Vous serez toujours au bord de quelque chose et moi je serai toujours dans le registre très doux de votre voix à vous attendre pendant que vous dévalisez mes rêves ou mes obsessions. Mais tout ceci n'est qu'un leurre, n'est-ce pas, un autre effet inouï de votre inaltérable désespoir, car votre violence inavouée me heurte toujours et m'épouvante autant qu'elle me séduit. Lorsque vous faites l'énumération des conséquences de votre malheur ou dressez la liste sans cesse corrigée de vos projets, je n'arrive plus à vous croire. Que s'est-il donc passé? Pourquoi ne répondez-vous plus?

Il m'est arrivé parfois de nous imaginer tous les deux sur la même scène ou courant dans le même film. Et c'est toujours le même rêve qui revient comme un avertissement à heure fixe. C'est la nuit. Nous sommes à des kilomètres (à cette époque on mesurait l'ennui en kilomètres) de toute habitation. Il pleut et vous avez enlevé vos chaussures. Vous marchez pieds nus dans la boue. Nous ne savons plus où nous sommes. Il fait trop noir, la nuit est trop dense. Vous parlez constamment d'une vague ville dont on vous a parlé autrefois et où vous auriez vécu dans le parfum d'une chaleur inaltérable. Je suis avec vous dans le même songe. Quoi qu'il en soit, même si la lumière tarde, même si elle ne devait jamais venir... Le jour finit toujours par nous réveiller, par agrandir notre cercle.

Cette nuit encore, votre violence n'a pas éclaté. Elle continuera de vous gonfler et de s'appesantir sur nous comme la pierre sur les noyés. Vivre était donc si lourd. Il devait bien y avoir un moment où l'on aurait pu se détacher. Se fuir, pourquoi pas, se fuir.

Pourtant je sais que vous parlez. Mais votre discours aride et clairsemé n'arrive plus à se contracter dans un lieu suffisamment ajouré pour lui permettre de m'atteindre. Vous parlez pour vous entendre, pour éprouver le mécanisme de la parole. C'est un sort lamentable et c'est un châtiment effroyable réservé à ceux qui n'ont pas pris les mesures qui s'imposaient pour assurer la solidité de leur résonnance. Et vos paroles confuses et pleines de désir, elles s'enfuient de votre bouche, elles s'engouffrent au sein d'un vaste réseau de frustrations dont l'excès serait le centre et dont la colère n'a plus d'autre ressource que celle de vous compromettre. Votre chambre d'échos, j'en sais quelque chose pour y avoir dormi souvent, est troublante et hermétique. Les murs y sont recouverts d'éponges, les planchers de feutre, il y a du liège au plafond, les vitres incassables, mais vous insistez toujours pour dormir dans la fourrure où vos cheveux se mélangent dans le cri et l'angoisse des bêtes dans lesquelles vous avez cru vous reconnaître. C'est un conte dont vous auriez pu être la princesse et moi l'ogre impénitent. Celui qui attendait votre amour pour connaître son destin. Mais nous restions face à face dans la forêt enchantée, à inventer des philtres dont vous saviez qu'aucun n'aurait l'effet des paroles magiques que vous n'avez jamais osé prononcer ou dont vous faisiez semblant d'oublier la plus importante.

Vous parlez donc, c'est signe que votre chambre d'échos n'est pas aussi étanche que vous aimeriez qu'elle soit. Votre souffle vous trahit. Je vous vois dans la forêt et votre souffle vous trahit.

J'aurais dû me contenter de vous dire que vous me parliez et que je n'arrivais pas à vous répondre. Alors peut-être qu'à cet instant fugace et sans repos j'aurais pu m'approcher de vous suffisamment pour vous saisir dans ce que vous aviez de plus intransigeant, dans ce que votre souffle ne pouvait articuler autrement que dans la plainte, la musique, la rage, la révolte et la répulsion. Vous craigniez toujours que quelqu'un d'inconséquent et de tortionnaire ne surgisse pour vous dérober quelque chose d'essentiel et d'irremplaçable. Vous viviez toujours en vous infligeant une torpeur dont bien peu ont su évaluer la véritable fonction.

Vos paroles, bien que grêles et énigmatiques, étaient toujours accueillies avec la ferveur et l'enthousiasme sur lesquels se fondent les grandes épopées et les élans mystiques. Mais ce n'était jamais suffisant et vous réclamiez sans cesse au point où il devint impossible de vous soutenir dans vos déclarations et quand vous demandiez une soumission totale à vos exigences il était difficile de croire qu'il s'agissait là d'un besoin inaliénable. Vous étiez sincère, comprenez-moi, ce n'est pas par défaut que nous nous retirions, plutôt par instinct qu'un jour il faudrait donner notre souffle et que vous nous forceriez à choisir entre votre hystérie et notre étranglement. Avions-nous vraiment un choix? Est-ce que vous avez cherché, pensez-y, est-ce que vous avez cherché une voie d'évitement, une sortie de secours?

Ceci n'est pas un jugement, ni même une accusation. Un simple reproche à l'effet que vous parliez sur une fréquence dont vous preniez un malin plaisir à nous exclure. À nous embrouiller.

Nous serons toujours trop adultes, ce sera là votre reproche ultime et notre gloire posthume car vous ne pouviez fonder votre marge d'erreur sur une autre excuse. Aujourd'hui notre ciel s'est éclairci et vous êtes allée vivre ailleurs. Comme il est doux d'aller vous visiter et de voir que votre maison garde encore quelque chose de cette époque où nous campions au bord des précipices, les nuits de brouillard où chacun cherchait du feu. Mais on avait fini par deviner que vous étiez peut-être aussi mystérieuse que la masse océanique et depuis personne ne vient frapper à votre porte. Seuls les frères lointains, la parenté des pays affluents parés de leurs bijoux en or, leurs pierres précieuses et leurs femmes qui ressemblent à l'idée qu'on s'en fait. Votre tente se dresse désormais dans un pays aride, parcouru par le vent de la désolation qui défait vos cheveux quand vous attendez la tombée de la nuit où quelqu'un, un voyageur égaré, viendra frapper à votre porte avec l'énergie du désespoir. Je me revois alors. Vous enlevez vos vêtements et vous l'inondez de votre salive. Vous vous transformez à la lueur de la végétation et sans rien lui promettre vous murmurez de vagues imprécations. Vous l'entraînez dans une danse circulaire et envoûtante d'où vous extrayez toute la violence du monde et votre emprise se fait sournoise pour ne se relâcher que le jour où vous irez en enfanter la douleur. Quel détestable phantasme. Mais il ne faudrait pas vous réduire à ce simple rituel car votre autel est vaste et les chambres multiples et vous êtes toujours consentante à nous les faire visiter, toutes, jusqu'à la chambre d'échos dont très peu ont su s'échapper autrement que par un couloir secret creusé dans le mur de la folie.

Nous serons toujours trop adultes car vous n'aviez de foi et d'insistance que pour le monde des enfants. Très vite vous aviez compris que cet univers vous serait à jamais interdit et c'est sans doute la raison pour laquelle vous aviez recherché avec tant d'acharnement les êtres fragiles et blessés qui en portaient encore le charme et l'intransigeance naïve.

Je dis ceci en connaissance de cause car il était facile à l'époque de s'inventer de fausses vies et de fonctionner dans de fausses dimensions. Mais vous étiez un peu notre mère à tous et nous avions appris à nous tolérer autour de votre table même si ce que nous voulions de vous n'était guère compatible avec votre idéal de générosité et de complaisance.

Nous serons toujours trop adultes et ce sera là sans doute votre plus grande contribution. Il est vrai qu'aujourd'hui encore vous ne comptez jamais la dépense quand il s'agit de vous dilapider et votre sens de la protection a fait suffoquer bien des passions et mourir bien des entreprises. J'étais de celles-là. Je comptais vous appartenir et nous aurions pu habiter cette terre malheureuse en nous éloignant du danger qui s'agitait dans les arbres. Nous aurions déplacé le centre du désespoir vers un endroit où la violence aurait pu s'en occuper. J'étais certain que vous alliez occulter ce paysage sec et dur dont aucune vie ne voulait jaillir. Je croyais à la force de la déraison, je pensais avoir saisi les lignes de vie de votre vie mais je me trompais encore une fois sur toute la ligne. J'en ai encore l'illusion blessée.

Nous serons toujours trop adultes. Votre anémie en témoigne comme le spasme d'une névralgie dont vous auriez oublié de vous plaindre. Le ressort usé de l'angoisse s'est remis à fonctionner dans l'horloge.

Quand la voix éclate, quand elle se fractionne en innombrables lamelles, à l'infini, à quoi peut bien servir d'être resté muet, d'avoir concouru à l'augmentation d'une impuissance aussi alarmante, à la recherche d'un discours dont l'existence était peut-être plus problématique que conséquente, à donner des explications qui ont fondu comme le givre lorsque le soleil a fait son irruption pour imposer sa lumière. Ce jour-là votre coiffure était immense et lourde et vous assistiez au spectacle de derrière un grillage; un treillis en métal dont l'ombre produisait un masque qui vous défigurait; la carte d'une ville dont l'artère principale passait par votre bouche; un échafaud sur le continent de votre abnégation. Il eût été alors présomptueux de vouloir vous rendre hommage car personne n'aurait pu déterminer lequel était le véritable prisonnier et ce grillage n'était en fait qu'un autre subterfuge pour nous faire tomber dans le piège de votre tendresse inouïe.

Nous étions plusieurs à attendre le spectacle, à attendre qu'une voix vienne se manifester pour envahir l'espace où depuis tant d'années il ne s'était rien inscrit. Vous étiez venue, encore une fois jusqu'à la frontière, pour nous dire que l'image serait notre lot et les mains agrippées dans le grillage, nous vous avons vue repartir, la tête lourde de plumes, de breloques et de pacotilles jusqu'à ce que vous ne soyez plus qu'un scintillement, un vague mirage dans la lumière qui s'estompait à l'horizon.

Votre corps reste sans cesse une énigme dont nous n'arrivons pas à traverser le mystère. Vous seriez peut-être ce désir fragmenté comme la voix et ouvert sur tous les registres. Et pourtant il y en avait un pour nous.

La nuit tout redevient simple, tranquille, délivrant. Votre corps s'appuie comme une masse lourde et exacte sur le remblai de l'oreiller mais rien ne dit qu'il ne s'agit pas là d'un prolongement du mirage. Vos vêtements sentent la poussière et il serait si doux de croire que vous n'avez jamais existé, que toutes vos promesses sont des prières mal formulées et inexaucées, que votre visage emprunte ses traits à une vieille photographie sur laquelle j'ai autrefois figuré. Mais il est impossible de ne pas croire que vous êtes arrivée quelque part. Il y a des légendes qui deviennent si prenantes qu'on oublie d'en préciser la fiction, d'en départager le folklore du réel comme si l'on craignait que tout ne bascule soudain dans la perte et la démence de renaître à l'inouï.

Je voulais entendre votre voix car j'étais certain qu'elle portait un sens et par un étrange revirement j'en étais venu à me dire que ce sens venait du fait que vous n'aviez pas de consistance matérielle globale, seulement des désirs, mais des désirs si prenants que c'est tout mon corps qui criait la nuit quand j'avais l'impression de vous perdre sur mes trop nombreuses routes. Je ne savais plus m'arrêter. Je ne savais plus où m'arrêter. Avouez que vous n'avez rien fait pour changer cet état de choses, pour corriger l'anomalie de cette situation. Et vous dormez d'un trop long sommeil. Je pense encore à vous comme je penserai toujours à vous de cette mémoire qui se déforme dans les multiples plis de vos trop nombreuses contradictions. Je vous tiens si près de moi que parfois j'ai l'impression d'entendre la voix sous votre souffle qui s'agite. Je sais que vous n'en aurez jamais d'autres nouvelles, que vous ne pouvez pas savoir, que vous n'avez pas idée et que peut-être, comme plusieurs se plaisent à le dire, que c'est beaucoup mieux depuis.

5. repérage

je vous attends dans un café en amérique du nord. un lieu précis, grand et affolant comme un continent exacerbé par toutes les contraintes.

peut-être êtes-vous passée par là par une nuit de neige opaque, affolante, irascible, qui se précipitait contre les vitres, votre cœur, la proie facile de l'intempérie et de l'ingérence.

vous vous seriez alors dit qu'il valait sans doute mieux retourner légèrement en arrière et refermer la porte sur cet espace clos et uni, silencieux comme l'oracle de votre chair.

une prière qui s'égare dans l'écho du labyrinthe pour des siècles et des siècles.

et vous marchiez, voyageur fatigué par cette nuit de désir et d'intercessions, mettant de l'eau dans votre orgueil, vers l'obsédant maléfice de cet espace qui vous engloutissait à chaque pas. rien, absolument rien, ne semblait faire état de ce qui se refusait à vous, qui se transformait à chaque battement, vital dans un élan continuel, sans donner d'indices sur sa véritable nature. comme les créatures trouvées dans les décombres des vieilles civilisations et dont on se demande longtemps à quel univers obscur elles ont dû appartenir.

comme quand on croit avoir soif et qu'on pense avoir faim. vous ne vous doutiez aucunement alors que ces métamorphoses, si soudaines, si absurdes soient-elles, sont toujours à l'abri des circonstances qui les ont engendrées. se survivant dans une indécence et un débridement continuels.

le grincement sombre du monstre qui s'éveille dans le corridor. son cri hallucinant dans la déception matinale de sa prison.

ce soir-là donc j'éprouvais le cri de votre désir qui m'atteignait par vagues obsédantes sur le radeau de mon lit. et ce cri me renvoyait à des espaces indignes, à des synthèses luisantes de détresse. tous ces endroits reconstitués ou réels où votre cri s'est évanoui, s'abolissant sur la paroi des temples d'où l'on finissait toujours par vous chasser. objet de désir, sujet continuel et vulgaire d'un effet trop terrestre. limon de tant d'années et ferment corrosif de tous les codes.

marée incontinente de vos spasmes névralgiques dans l'imprévisibilité de mon naufrage. à la dérive sur le parking ou banalisé par le grésillement de la télévision couleur.

il pleuvait depuis toujours devant ce motel qui dominait une vallée inondée à quelques minutes d'une frontière imaginaire. nous attendions en ligne. pour tuer l'attente, vous écriviez dans la buée des mots qui se défaisaient en gouttelettes comme le désir sur votre corps.

c'était le printemps, la nature refaisait son étrange et verdoyant visage. un alliage de vivaldi et d'arcimboldo, inondé comme une ville d'art. la terre vous appartenait dans l'odeur et dans la mémoire. j'allais emménager avec vous dans votre frisson et toutes les caresses du vent.

assise sur une chaise, bien cambrée dans votre fourrure blonde (le célèbre portrait d'hélène fourment par pier paul rubens?) vous vous seriez laissé prendre comme une référence, un pastiche, une copie. lointaine et floue comme une vue sur la mer du nord.

votre divagation malgré tout votre effort à la justifier demeurait invivable. vos mots tous inventés ou trouvés dans des livres. il n'y avait rien pour vous maintenir dans l'éphémère. votre consistance œuvrait loin de nous, dans les bibliothèques où la vie n'est plus qu'une obscure référence et l'Histoire imposante et arrogante sous l'étreinte de la majuscule. votre chute, votre damnation, écrite en rouge sur le drap argenté du temps. l'amas informe que vous n'arriviez plus à contenir se répandait dans les viscères. la morsure du temps et le registre grave de l'ennui qui s'attaquait à toute la naïveté du monde. un écroulement, un éboulis dans une mine obscure, la consolidation d'une certitude arrogante comme les piliers de la science, un temple qui enfonçait ses colonnes dans le sable jusqu'au cœur du monde, là où battait faiblement le cœur de votre idole et de son culte monstrueux.

des mots stériles, empruntés aux dictionnaires, comme votre regard, votre visage de femme improvisé dans l'effet d'un maquillage étudié, vos manières d'homme et votre rire vaste et dévastateur qui déambule dans mes souvenirs comme l'écho méconnaissable d'un délire où je me suis si souvent égaré.

c'était la nuit. tout s'éteignait dans la fermeture soudaine de votre cœur. nous dansions, sur des airs de cognac, des pas épileptiques sur la piste d'une confusion épuisante. inconscients de notre désir et de notre capitulation soudaine.

aujourd'hui, je vous attends comme toujours. depuis toujours je n'ai cessé de vous attendre. les minutes passent comme des semaines, comme des livres, comme les conversations à la table d'à côté, comme les voitures qui se précipitent dans le vent de la vitrine, soulevant leurs nuages de métaphores et de pensées carboniques.

et pourtant, dans un lieu abîmé, tout ceci vous ressemble au point où l'on pourrait s'en méfier. comme le portrait inconsistant, la momie improbable de toute la douleur qui nous inonde et qu'on donne parfois à voir pour la mesurer à l'aune de l'absurdité et du démon quand il nous frôle en ricanant de sa main brûlante dans l'enclos du rêve. est-ce que vous mentiez toujours de la sorte et si vous mentiez toujours dans quelle regrettable fiction aviez-vous choisi de refaire surface. ou peut-être étiez-vous naufragée et votre désinvolture, si bien contrôlée, n'aurait été en fait que le signal de votre détresse.

> – ce n'est pas moi qui mens, c'est ma photo et puisque c'est ma photo, en quoi cela pourrait-il intéresser les gens qui n'ont pas de photo pour mentir?
>
> – keep thinking...

son rire cynique, énervant, acéré, dans le vrombissement des voitures sur la glace, leur impuissance stridente dans la côte embrumée par l'hécatombe.

nous parlions toujours de la même chose dans la même grandeur obtempérée de la démesure et de l'abstrait. nous comparions des doutes, des états d'esprit, des citations. nous nous lisions des pages de grammaire, des traités sur l'évidence. nous partagions des comportements erratiques et des réflexions oiseuses sur des sujets qui n'ont plus cours. remplacés par d'autres mots, d'autres termes approximatifs, d'autres chimères obscures et modernes. toujours modernes. à tout prix comme le platine de vos cheveux, ou l'expulsion de vos cheveux ou la négligence de vos cheveux. votre chevelure était ainsi devenue l'ultime référence. d'un seul regard nous y projetions des siècles d'anthropologie bafouillante, de déviations meurtries et d'inquiétudes esthétiques.

nous fréquentions toujours les lieux publics avec le même mépris, espérant y trouver des indices, des résidus susceptibles de nous recomposer une certaine identité archéologique. espaces de rubis et de plaques tectoniques qui s'invaginent, il y a très longtemps de cela, quand la mémoire n'existait pas, quand les livres n'existaient pas, quand les ordinateurs n'existaient pas et qu'on s'en souvenait comme on pouvait c'est-à-dire aveuglément.

ce soir-là je voulais vous parler de très loin. j'aurais voulu dériver avec vous dans le vaisseau du sommeil, traverser incognito la frontière qui mène au royaume des esprits où les corps se divisent et gravitent.

l'un à l'autre, le moule transparent des constellations, un érotisme total, une photo censurée en enfer.

et pourtant, à l'heure où j'écris dans ce livre rajoutant ma voix à celle des autres livres, vous continuez d'exister, de vivre devrais-je dire (toujours cette impardonnable impolitesse). au moment où cette fiction vous réinvente, vous sollicite, mal je l'avoue, j'entends les conversations, les rires, les voix qui veulent se faire entendre au-dessus des verres se heurtant avec fracas comme dans un débit public. on dirait un quelconque rassemblement politique où les idées seraient claires enfin et mobilisantes comme un appel à la guerre. un cataplasme sur l'ennui pour une époque qui ne vit plus que dans la sourde et insistante esthétique de l'électrochoc. je penche la tête et je vous vois dans l'océan blanc de mon papier, votre bras nu qui tend l'épée aveuglante entre les tables de ce temple englouti.

vous avez longtemps rêvé de cet espace vulgaire et consenti, peuplé d'hommes désabusés qui cherchent en vain des campagnes à entreprendre, me laissant seul à terminer ces mots dans le bruit de la coutellerie, des caisses enregistreuses, des gens qui désertent en échappant leur argent sur le terrazo, le récupérant, mettant leur uniforme de nylon, dans un chuintement qui me ramène en hiver, et sortant hypocritement dans le cri des sirènes, à moitié endormis, rêvant déjà dans le hennissement des phares. la rumeur de la nuit persiste, sifflante comme un obus, et je rêvais sur le front du trottoir, à vos genoux écorchés sur le béton. je voyais votre sang sur le drap, la surface profanée de mon désir. un effet hautement pictural sur la neige indéfectible. la trace de toutes les bêtes menacées, leur révolte mystique cautérisée dans la cicatrice du temps.

mais le printemps a rejailli malgré tout, il a refait surface dans notre lit comme un continent englouti. sur l'immensité blanche et solide, dans l'espace diamant du parking, l'ange a levé son glaive étincelant. dormant seuls et épuisés dans des bibliothèques approximatives, écrivant nos hurlements au rouge à lèvres sur des pages arrachées à la bible. le livre encore et toujours. méfiez-vous des livres. leur espace n'est pas garanti, chaque mot est une épave, un débris qu'on étale sur la page d'un hangar, cherchant des conclusions toujours sommaires à des écrasements sans cesse renouvelables.

l'espace méconnaissable de nos draps, du plancher évanoui, de la mémoire abîmée dans l'alcool, rampant dans des corridors, terrorisés dans les lueurs tungstène vers votre cœur de panthère, votre corps sacrilège, la brûlure immédiate et consumante de vos baisers dans mon corps. mauves et qui s'éteignent dans votre regard exotique. il nous faudrait une fuite, une entreprise sacrilège de rupture et d'apostasie pour aménager autant de désirs. allons-nous-en vers les nuages intergalactiques, les aurores boréales, les fosses sous-marines. abolissons les polynésies. votre peignoir, fleuri par tant de nuits, ouvre ses replis pacifiques sur un paysage turquoise de champignons empoisonnants. à l'aube, quand on fait exploser des structures temporaires pour les caméras et qu'on s'enlace pour mieux se fermer les yeux sur les cris et la misère. au loin, à peine perceptible, la meute improbable sous des nuages empoisonnés, hurle au vent martyr de notre époque impuissante. notre amour synthétique, exacerbé, sur le drap où l'on reconstitue le désastre, se posant sans cesse les mêmes ignobles questions.

vous dessiniez sur le sable les hiéroglyphes de votre destin. habités du même mal, cloués dans le même délire. votre main s'avançait vers mon corps comme une manifestation hésitante. les gens vous donnaient de l'argent que vous déposiez dans le tiroir de la caisse enregistreuse, toujours le même tintement, le même manège, le même rituel, le même culte, les mêmes gestes millénaires, la même confrérie, le même doute…

la mer monte, à force d'imprécations, de menaces, de sortilèges et la rumeur veut qu'elle montera pour longtemps encore, engloutissant les traces de notre parcours, ramenant sur le sable les débris de notre écroulement. fatalement vous avez fini par choisir l'absence comme une longue vertu dont on se serait longtemps surpris à vanter les mérites. et moi, pendant ce temps, j'écris pour écrire, c'est tout ce que je sais faire, pour meubler le vide de votre perte. j'écris pour médire de ceux qui restent ébahis aux tables dans le silence fabriqué et imposé des fermetures et qui n'embrasseront jamais votre religion ni votre consistance si fragile soit-elle, le poids inimitable de votre univers sur mon univers, de votre main tournant avec désaveu les pages de ce livre, de la dépense somptueuse de votre désir, de votre intrusion magnifique et perturbante dans les strates de mon aura inoxydable.

je dois avouer qu'à ce moment précis vous me faites l'effet de quelqu'un qui ne me reçoit plus sur aucune fréquence. inconstant et inconsistant. la menace profonde de la connaissance et des ravages qu'elle laisse pour toujours dans notre cœur et dans notre âme.

6. projection arrière

je croyais en vous comme les enfants attendent la neige

tout se passe comme si nous n'étions plus impliqués
à un moment donné il pleut sur la ville
c'est un après-midi gris de la fin du mois de mars

dans un restaurant chinois qui tache et qui vous imbibe de friture vous me dites des rêves simples des histoires de déprime des moments enchevêtrés nous cherchons en vain une conversation pour aboutir

vous me parlez d'un film qui vous a fait pleurer

peut-être pleurez-vous depuis toujours et je m'imagine qu'il n'y a que moi pour vous consoler

je me serais levé de la table ronde en formica autour de laquelle nous étions coincés pour aller vous chercher le graal dans la forêt magique et les autoroutes enchantées si vous me l'aviez demandé mais nous étions trop préoccupés par ce que nous allions dire pour penser un seul instant à ce que nous étions en voie de devenir

nous avons fait un bout de route ensemble

il y aurait plusieurs descriptions possibles ici de ce phénomène plusieurs points de vue la nébuleuse se met en mouvement elle nous immobilise

elle nous fait penser que l'aspect temporaire des choses nous pulvérise vers notre destin

nous ne pourrons jamais saisir l'évanescence autrement qu'en avançant

tous ceux qui ont voulu résoudre cette énigme sont morts leurs conclusions disséminées en une mince couche de poussière intemporelle

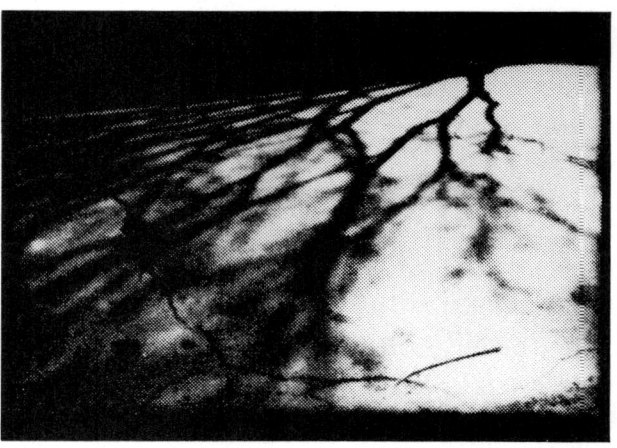

c'est l'après-midi donc

quelqu'un s'arrête devant l'appartement rauque que vous habitez

il s'inquiète

il vérifie s'il est bien à l'heure

vous lui dites que oui mais vous avez la manie envoûtante de mordre dans vos lèvres quand vous parlez

il ne peut faire autrement il ne peut éviter avec une certaine complaisance votre regard indécent

et chaque fois que vous vous mordez ainsi quelque chose en lui rugit dans le manque de votre beauté mystérieuse où vous l'entraînez

la conversation tourne autour d'un vague transfert d'énergie de ressources de besoin pressant d'immatérialité rassurante

    vous ne pouvez pas le rejoindre parce que vos cheveux sont pleins d'or
    c'est un vulgaire effet de maquillage mais vous laissez fondre le mot dans votre bouche peut-être très inconsciemment peut-être pour accentuer la préciosité de votre corps
    l'or
    votre corps est inondé de poudre d'or
    une icône byzantine qui bâille sous la robe de chambre qui vous cache à peine
    l'or vous immatérialise
    vous transmute

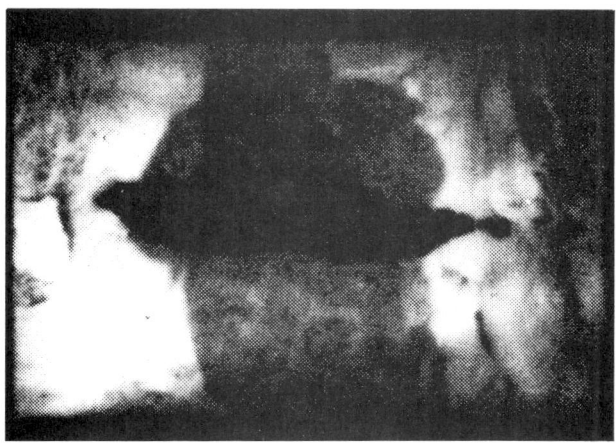

  à un moment donné vous vous appuyez dans l'embrasure de la porte laissant errer votre regard mordant accidentellement dans la peau trop rose de vos lèvres et le feu se propage à l'appartement qui rugit à mon corps qui se consume plusieurs fois dans le court laps de temps que vous avez choisi pour refaire plusieurs dévastations plusieurs séismes
  seule la douche vous délivrera de cette souillure
  l'or n'a plus pour vous le sens précieux qu'il a acquis pour des générations d'humains adorateurs d'idoles
  vous avez raison ce n'est qu'un autre effet de maquillage
  l'or se mélange au chlore bleu de la douche coule sur la porcelaine blanche qui stérilise les corps pour les faire entrer dans la pureté de l'époque
  inoxydable comme une carte de crédit

la même voiture revient une heure plus tard
l'or s'est désintégré
il a fondu sur votre corps sous l'action bénéfique du savon le jet chaud et langoureux de la douche
vos cheveux ondulent soyeux comme de la soie sur le tissu raide et imperméable de votre manteau
la voiture repart comme une bête électrocutée par la déception instinctive de son élan bafoué
vos cheveux ondulent dans la soie de votre désir comme un tissu qui s'effiloche dans le vent de la déraison mais vous ne pensez pas ainsi
vous ne pensez pas votre main au-dehors pour attraper la fin de l'après-midi et la cacher au soleil qui voudrait tant vous voir
vous croyez peut-être que tout est un effet temporaire approximatif inconséquent dont chacun de nous serait l'irresponsable vérification

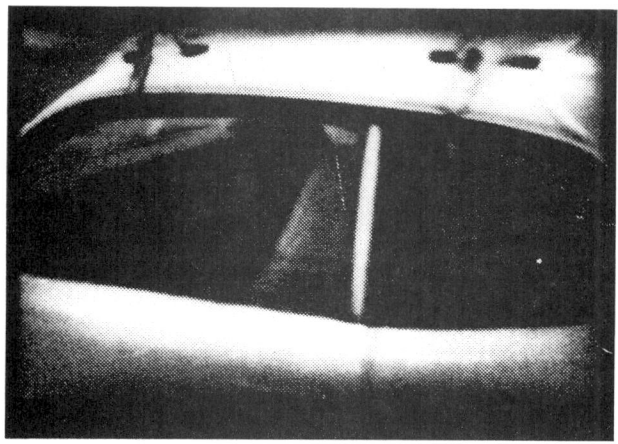

    la voiture repart erre doute s'épuise dérape et finit par s'épuiser dans la cour d'un restaurant chinois

    la sagesse et l'implacable sérénité des rizières défigurée par la lourdeur des produits chimiques pour que la nourriture se conserve éternellement et nous avec elle

    mais la nature se venge c'est l'étrange idée qui me vient à l'esprit au moment où je mets la clef pour verrouiller la portière et parer ainsi à l'insécurité chronique d'une époque en proie à la bêtise matérielle

    vous attendez impatiente que la manœuvre prenne fin qu'elle se résorbe qu'elle aboutisse

    ce n'est pas le genre d'endroit où vous aimez venir pleurer c'est seulement le genre de lieu où je crois qu'il est encore possible de rêver parce que je me suis imaginé autrefois qu'il n'y aurait plus jamais de rêve

    avec vous ici je viens tenter une ultime vérification nous nous aimerons dans le parfum de la moisissure et la misère d'être aliénés sur un continent qui ne comprendra jamais la grandeur de la Chine et qui ne rendra grâce de rien à qui que ce soit excusez-moi si je n'ai pas pu faire autrement

vous vous assoyez devant moi
face à face et tout se joue comme si chacun avait appris son rôle depuis des millénaires
les répliques sont si bien réparties
il suffirait de les écrire
vous avez l'impression que les corps pourraient s'imbriquer les uns dans les autres s'arrimer à une quelconque distance cosmique dans un univers lointain
une planète pour s'aimer une autre pour se détruire
ici on peut commander n'importe quoi mais le temps presse et la lumière tombe

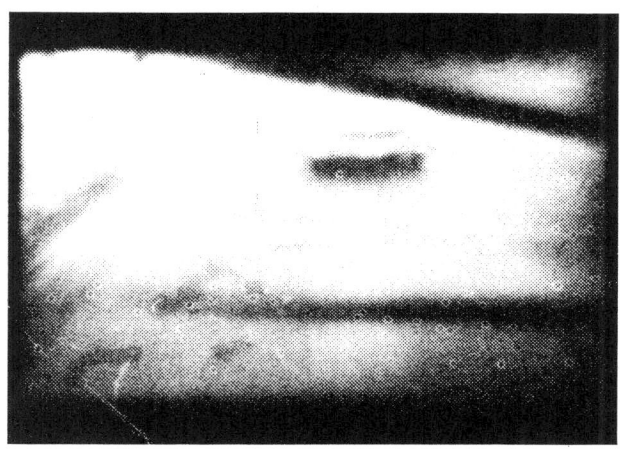

    vous reparlez de ce film qui montre un homme en train de marcher dans le désert

    son désespoir quand il réalise que les machines n'iront pas plus loin

    vous confondez tous les films mais toujours l'image du désert apparaît incessante cruelle comme un mur

    dehors le jour décline dans la lueur tiède d'un printemps qui retarde sans cesse
    certains disent que la neige nous a enterrés vivants
    le jour n'est plus qu'une lame rouge transperçant le ciel de fond en comble derrière les édifices et les panneaux publicitaires
    une promesse sans doute qu'il y aura des reprises puisque nous jouons à guichets fermés
    vous vous levez par habitude sans doute alors que vous auriez envie de figer sur cette chaise et de laisser la nuit vous contredire mollement comme une boisson
    jusqu'à ce que la noirceur vous repossède profonde et naïve comme l'ivresse mais vous vous levez saisie par une impulsion
    un spasme incompréhensible
    une manœuvre incontrôlable
    est-ce qu'à cet instant précis vous avez eu la conscience informe de ne plus pouvoir résister de vous sentir abandonnée dans quelque couloir opaque alors que le soir risquait de s'abattre comme la tourmente sur votre cœur agité dans le frisson immuable de la défaillance

    la brunante vous enveloppait la brume aussi la rouille laissant vos yeux errer sur la rue dans la voiture docile qui vous ramène

    le paysage criard dans le bleu cobalt qui enrobait notre déplacement

    ailleurs il y a la misère de ceux à qui on a volé la nuit et qui ne pourront plus glisser vers leur destin comme nous vers notre émerveillement

    ailleurs la jungle écarte le rideau de son drame l'océan caresse ses épaves le désert étale sa poussière sous les étoiles immanentes

    ailleurs entre les néons les mêmes astres qui nous regardaient bien avant l'existence du temps et qui ne savent pas notre désir et qui ne sauront peut-être jamais que l'électricité n'est rien d'autre qu'une légère transformation de la matière qui gère le champ de notre intrusion ectoplasmique dans la conscience séculaire

le soir vous enveloppait remettant toutes ces choses à leur moment névralgique laissant planer la menace et l'espoir de nuits ombragées parfumées serties de musiques et de lumières qui nous égaraient à la limite de notre mémoire

    enchâssée par la ceinture de sécurité qui promettait de ne pas vous faire disparaître dans la vitesse vous regardiez par la vitre un monde qui se répandait en rigoles sur l'asphalte sur le continent le mystère des forces sourdes et des générations inquiètes qui ont modelé cette terre qui en ont fait ce qu'elle est devenue
    ce qu'elle ne cesse de devenir sous l'accord tacite et incontrôlable de notre regard

le soir vous enveloppait je n'arrivais pas à détacher mes yeux humectant toutes choses les imbibant du regard espérant que vous alliez me dire les raisons profondes de la fascination que vous étiez en train de faire naître

    personne ne vous dira que votre beauté inonde toutes
les choses que vous dites
    que vous regardez
    que vous nommez de leur juste nom
    inscrivant d'autres chapitres à la légende du paradis

    tout ceci prend place dans l'absence de ma voix qui ne fait que remplir d'instants dépourvus des moments que vous meublez de votre silence

    il n'y a que la musique qui se profile entre nous comme une légende un projet fait de fantasmes et de bravades comme celui qui est en train d'éclore dans votre regard

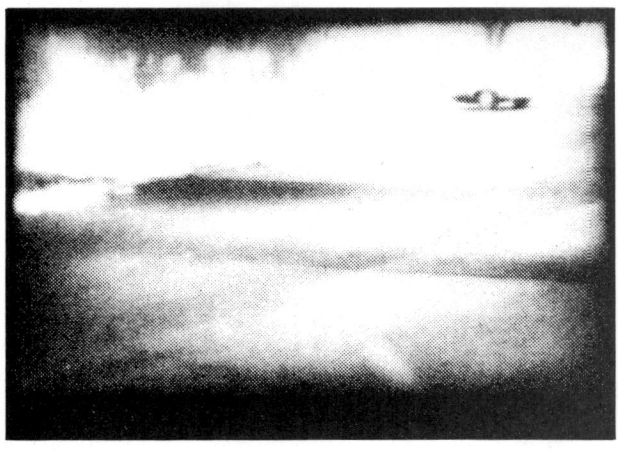

   il y avait cette ville si grande que personne n'aurait rêver d'y faire le voyage et il y avait cette ville si terrible et angoissante que le cœur en restait saisi quand on y mettait les pieds
   la musique disait qu'il fallait les conquérir toutes les deux pour avoir la sensation d'avoir vécu
   vous m'avez demandé qui chantait
   la musique avait été écrite il y a longtemps par un auteur désespéré elle ne connaissait pas la chanteuse
   il se rappela les moments de solitude extrême des échecs amoureux si nombreux qu'il avait oublié de les compter de crépuscules angoissants comme la fois où il avait réalisé que les êtres les plus chers dans sa vie... eux aussi... un jour... l'abandonneraient dans la spirale du temps lui laissant de vagues indications pour ses déplacements subséquents
   elle lui demanda quelque chose mais le temps de revenir il était trop tard
   il ne l'avait pas entendue

il rajouta pour fermer la blessure que la beauté lui était toujours apparue comme une terre d'exil peut-être même une infirmité

elle sourit
à peine
il aurait pu l'attirer dans le registre de son souffle mais il se contenta de fixer le feu de circulation
peut-être y voyait-il déjà une émanation cosmique une autre nova ou pire une fosse d'anti-matière

    la voiture s'arrête et vous ne savez pas comment descendre comment défaire ces liens qui se forment malgré vous
    la voiture est pleine de végétation de fleurs de lianes il n'arrive plus à trouver la portière et la nuit ne fait que tomber enrobant l'espace d'un parfum menaçant comme le souffle

    je ne sais plus où vous vous en allez
    depuis j'ai imaginé que vous habitiez un pays où chaque chose vaut son pesant d'or et dont vous êtes l'idole incandescente
    seule la force de mon amour vous donnerait la vie
    c'est du moins ce que j'aime penser même si je sais qu'il s'agit là d'une pensée obscure aux contours nébuleux

je ne sais pas où vous partez

restez restez avec moi j'ai tant besoin de votre vibration pour démêler mes silences

quelque chose me dit qu'il se creusera entre nous un fossé que rien ne saurait remplir quand vous allez dissoudre votre souffle dans l'espace infini qui entoure cette voiture

quelque chose qui ressemble vaguement à une rupture

le fossé deviendra rivière la rivière fleuve le fleuve océan et je serai sans cesse de l'autre côté à vous regarder passer sur quelque embarcation fragile votre beauté grave imbibée par le poids du destin qui met du plomb au fond de nos rêves pensant leur donner la gravité et la densité dont ils ont besoin dans le courant

   la voiture s'arrête
   et vous m'embrassez et puis le bruit de la portière qui me cloue et m'emmure vivant dans l'auto asphyxié dans votre parfum
   et vous m'embrassez
   je rejoue et rejoue le même plan incapable de lui inventer un début ou une fin
   c'est un film dont vous vous êtes enfuie
   et puis l'auto s'ébranle comme toute seule entraînée dans son mouvement perpétuel départ maladroit d'une bête qui se cambre dans sa frayeur et dans le rétroviseur je vous vois courir
   peut-être à cet instant précis avez-vous songé à vous enfuir jusqu'aux confins de vous-même
   peut-être l'avez-vous fait
   qu'est-ce que j'en sais
   qu'est-ce que je sais

    ensuite le temps s'est mis à passer avec une lenteur indécente une torture qui gravite sans cesse autour de ce moment

    peut-être étiez-vous le générateur qui me manquait pour circuler allègrement dans le temps

    revenant toujours vers vous à des moments précis rejouant chaque séquence dans un perpétuel montage d'obsessions et de désirs

    aveuglé soudainement par le quartz du projecteur et les étincelles de mica je ne savais pas la cause de cette perte je savais seulement que vous en étiez l'irrémédiable centre et que j'en éprouvais les séismes à la périphérie

je ne savais plus sur quelle fréquence vous rejoindre

tout ceci faisait appel à une si grande fébrilité si mouvementée dans le besoin de vous retrouver sans en savoir la raison féconde je savais seulement reconnaître votre inconsolable perte et le gouffre que tout ceci creusait en moi

l'implacable désespoir d'être suspendu dans le vide en chute libre dans l'absence irrésorbable d'où je vous voyais émerger par bribes

par moments imprévisibles asthmatiques dans la convulsion de vous perdre et de me perdre à votre poursuite

l'univers était devenu un lieu malsain peuplé de fantasmes et de bêtes malencontreuses d'où votre visage émergeait parfois j'avais de la peine à croire que vous faisiez partie de leurs dépendances de leurs créatures avouées

j'en suis arrivé à croire que vous viviez sous un nom d'emprunt

une image sans conciliation possible avec les exigences que le réel répand sur nous et nous force à évaluer

ce soir c'est l'été

je suis seul à marcher dans un grand appartement dans une grande ville dans un monde trop grand pour moi si vous n'en remplissez pas une partie avec moi

il pleut et j'écoute les suites pour violoncelle de Bach une musique verticale

pourquoi n'êtes-vous pas ici pour l'entendre avec moi

soudainement le monde est si réel si palpable gravé à jamais de l'autre côté des fenêtres

il y a si longtemps que vous m'habitez que je tente de vous fuir de m'échapper de vous et peut-être que ce soir tout ceci se résorbe enfin dans ces mots que vous lirez sans doute et vous saurez alors qu'il s'agissait de vous et que je suis arrivé par un subterfuge qui m'échappe devant une terre vaste et inutile sans direction aucune car toutes les directions sont désormais faussées

je ne sais plus où vous êtes

je ne sais plus dans quel maléfice vous vous débattez

autrefois votre image si intacte et maintenant tant de choses se sont rajoutées que je ne peux plus reconstituer votre signalement

je vous suivais comme un ange qui surplombait ma vie

je vous ai vue cet après-midi-là comme la preuve que ma vie fondrait avec la neige et qu'il me restait peu de temps pour m'envoler avec vous m'agrippant à vos ailes que je croyais toutes-puissantes

je sais maintenant que je n'ai fait que regarder dans une fenêtre où se sont profilés un bref instant en définitive les exigences fébriles
   les doutes mélancoliques
   les mirages indéchiffrables
   somme toute la chronique navrante d'un épuisement dont le souffle s'est éteint sur la terre des vertiges à hauteur de l'oubli
   le vol de l'ange
   sa grâce décimée sur la terre aride
   et moi qui survis dans le désert

7. balayage constant

l'espace vert et frais
un aéroport découpé de gris
une maquette
une voiture qui glisse
point névralgique à la phrase de l'horizon argenté
la musique joue fort le grand siècle
un ciel vert
les nuages s'aplatissent
de longues aiguilles ocre
le soleil couchant
ailleurs
dehors
imaginez un long parcours
le printemps éclate de toutes ses feuilles
le pare-brise
le vol 871
ses grandes ailes d'alliage bleu métal
le sol limpide et froid
une ville en plein mois de mai
musique
de fin de voyage
d'un crépuscule
d'un beau périple
d'une trop longue absence
qui sait

«ladies and gentlemen it's late twentieth century»

très exactement
à propos de nous
des images inconfirmables
indatables
la pluie tiède d'une saison
un reflet
les ailes d'aluminium inondées
ruisselantes
mai
il fait clair tard
faites-moi grâce
des évidences
venez voir par ici
la vie reprend
la vie reprend
petites touches édulcorées
barbouillant de vert
le gris lucide de l'hiver
attendant
le chef-d'œuvre complet
l'alcool épuisant
le halo des néons
bleus

je vous aime donc
le mauve des lumières au mercure
vos lèvres teintées
cette lumière froide
la fin du vingtième siècle
les émanations carboniques
un parking souterrain
la voiture sort
grinçant sur le béton
assis dans le coussin synthétique d'un velours
rien de commun avec la splendeur
des tableaux d'autrefois
assis dans le velours gris de la synthèse
le mélange obscène
l'industrie défigurant la réalité
depuis que le bois imite le plastique
attendant les signaux
à cette époque nous vivions sur Terre
(l'herbe était verte
une plage de gouache pâteuse
parsemée de clignotants
de sculptures
s'étalant en avertissements
le long des autoroutes
d'arbres ligotés
de rivières sagement bétonnées
de paysages en quadrichromie
de décomptes digitaux
quelqu'un a échappé un sac de billes lumineuses

un accident continuel
qui continue de nous assaillir
et de nous impressionner
d'innombrables parcours)
votre tête sur mon épaule

l'aéroport
les bagages de cuir
l'inox hygiénique
les tourniquets
impénétrables

welcome home
«say it again»
des gens s'embrassent dans notre dos
un délicieux
un irrésistible
complot
comestibles
vos lèvres

– comestible
– what's that again
– comestible Read my lips
– oh oh oh I see

maintenant vous riez
je suis bien
cet espace
votre présence

pourtant nous vivions sur Terre
vous en étiez-vous vraiment aperçue

autour de nous
des serviettes de documents
les cotes de la bourse
des limousines
lecture à haute voix
obligation de lecture
information
accélération
le drap du soir
néfaste
opaque
aveugle
le grillage de cette ville
auréoles de tungstène
de mercure
de fluor
de vacarme
la nuit hallucinante
la ville frissonnante de clarté
sa chevelure de néon
des véhicules de toutes sortes
leurs faisceaux halogènes
les passants navrés d'un autre brouillard
les tours de verre et de roc
des miroirs
la splendeur merveilleuse des rumeurs stellaires
les dalles de béton en équilibre très haut dans les airs
convulsions et vertige
l'intrusion du vert
rappel incessant
paysage au son des trompettes archangéliques
les plaines de la crainte
l'intercession lumineuse

nos cheveux emmêlés
le monde éperdu
le doute perpétuel
dormir l'un dans l'autre
la certitude
la réparation du jour
le sacrifice de la nuit

un radeau dans un couloir de glace
la répercussion d'un cri
la surface grise et incongrue
la ville inondée
les moments de silence
le passage de l'ange
les ailes déployées
intervalles réguliers
sa main
le sabre bleu
la justice de Dieu

votre main
la relique ardente de mon cœur
le bruit assourdissant des réacteurs
la destruction du sens de l'ouïe
la perte des syllabes
la perte du prolongement
tout s'éteint
tout se débranche
tout s'estompe
le lointain

l'odeur du printemps
les fibres de l'été
le tunnel de glace
la nuit irréparable
l'écho innombrable de réverbérations

une chambre d'hôtel
le treizième étage
la navigation dans les vaisseaux sanguins
les viscères de la ville
l'écran laiteux des gaz carboniques
les autos fébriles de suffocation
le sommeil indispensable
vous
mon lit
votre corps d'actrice
votre essence fabriquée
votre déception des souvenirs
la représentation des drames essentiels

un enfant sur les dalles de béton d'un complexe aménagé
son ballon est dans la cage de l'escalier de métal
une chute inexorable
un parking souterrain
sa mère
son ange

une métamorphose soudaine
une robe de velours cousue de fil d'argent
une couronne d'or massif
ses cheveux platine
la Terre au bout de ses petits doigts
un tableau délirant dans la pénombre
la ferveur de la superstition
une idole
l'aéroport muet
la musique nasillarde
les passagers éblouis

le son agressant
la dégénérescence des voix publiques
la lourdeur de la musique
la honte de son éclat
nos tympans désajustés

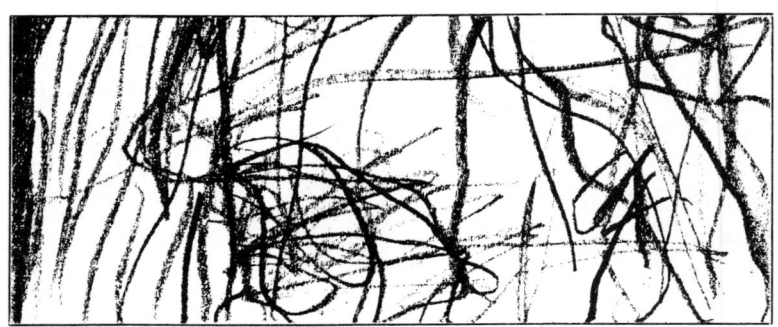

autrefois
les avions

El AL
Aeroflot
KLM
Air France
Luftansa
Sabena
American Airlines
agencements
réagencements
une musique
une survivance aux amplificateurs
un projet inconséquent
une persistance

les avions
atterrissages continuels
KLM
Sabena
Luftansa
Aeroflot
Air France
American Airlines
El Al
le velours trop bleu de la nuit
la plaine infinie
l'espace illuminé
les rivières grises
l'espace séculaire
le temps éternel

le regard des nomades
les trajectoires dans le ciel
le plus grand des mépris

Luftansa
Aeroflot
El Al
Air France
American Airlines
KLM
Sabena
la jungle dépareillée
la vie exacerbée
le désert
la toundra
l'océan
les pôles
la jungle
l'équateur
l'océan
le désert
l'espace
l'espace
un autre texte
une autre musique

la loi des permutations irrésorbables
sa séduction perpétuelle
l'incontrôlable métamorphose de l'amour
l'unique certitude
la méfiance continuelle

vivre sur Terre
un cliché désormais
une répétition inconséquente
la perte de plusieurs saisons
l'objet de plusieurs prières
la persistance des pratiques sacrilèges
notre doute inconsolable
notre désarroi momentané
notre dépendance cosmique
lamentablement défectueuse
la survie du monde
une hypothèse
la vie
une expérience invérifiable

la perte de la magie
les mots approximatifs
la misère étatisée
la dépendance constante
nos forces en déclin
des situations indéchiffrables
nos ordinateurs en panique
des univers incontournables
cœur blessé
présence physique
espace mental
élan mystique

– on dirait une litanie
– c'est une litanie
 ça saute aux yeux

votre main
votre vie au bout de ma main
un jardin aux portes ouvertes sur la mer
la délivrance
le printemps au passé
mon sommeil dans votre couloir
les avions en retard
les grèves
les pannes
les attentats
la mer de jade de l'aéroport
la jungle dense et luisante de l'aéroport
les cris étouffés dans le silence
l'extérieur du monde
l'éclat de la verdure
l'oubli de l'essentiel

les illusions compromettantes
les intempéries variables
les appuis indéfectibles
les précautions salvatrices
les lueurs vacillantes
les extinctions progressives
les révélations omniscientes
les imprécations tardives
les rapprochements séculaires

le corps céleste de l'amour
fuyant scintillant lointain
la splendeur giratoire d'une masse imaginée
dense et sournoise
une fosse d'anti-matière

un grondement
l'avion
un élan au-dessus du jardin
une vue des airs
une forêt de synapses
un plan d'urbanisme
une destruction en cours
la musique de la catastrophe
le brouillage du quotidien
un crépitement
un étiolement soudain

un souvenir
l'enfant
son ballon
son cœur irradié
sa robe de splendeurs
l'échec du temps

pour vous et moi et beaucoup d'autres
une supposition
un désir

la vie sans sa loi terrible et compromettante
la crainte de l'effacement
de la déchirure
une maison ouverte sur la lumière
la sérénité
l'ennui probable
le sentiment détrimentaire
la mutilation du doute
la vie limpide
une lumière mercuriale
l'outremer de la nuit
l'outremer de mon cœur
l'attente de votre vie déversée
une pure perte
une dernière fois
l'outremer de l'océan
la vie simplifiée
la vie décevante
un attachement atmosphérique
la musique
la danse
votre jambe insistante
mon corps défaillant
la nuit filamenteuse
vos yeux coléoptères
un désir traître
le labyrinthe de votre corps parfumé
la fin infilmable
voilà

vous
votre regard limpide que vous posez
délicatement sur toutes choses
l'illumination de vos yeux d'actrice
la projection d'une pellicule bleue
la tolérance momentanée du monde
(l'expression banale et galvaudée)
l'éternité

oui
le fil ténu de la suite
la vérification répétitive
l'existence terrestre
votre corps
votre réseau de filigranes
votre collection d'arabesques
vos rêves incontinents
vos déceptions enchevêtrées

le déraillement de ma voix
mon image insuffisante
la musique consommée
ensemble
le ciel
l'impatience du soleil
le triomphe des orages

– l'essentiel sans cesse échappé
banal dites-vous
Terre
un décor donc
puisque l'essentiel absent
nous
– banal
– la vie
rumeur sublime
propos indénouable dans ce décor
bruit inaltérable
le frisson des néons qui vacillent
– banal
– de toute manière
l'écriture
une tentative maladroite
pour la rémission de l'univers en face du sens

un départ
des bagages plein les mains
réfugié de plusieurs causes perdues
une carte d'embarquement entre les dents
l'odeur de l'hôtesse
une momie bandée de forterel
un sourire
siège 12A
les directions inexistantes
les choses arriveront bien d'elles-mêmes
facile
pour une vie passée
de fuite en fuite

le jardin vert de la piste
derrière
la fabrication d'une abstraction délirante
un ailleurs imaginé
le déferlement de la mer
la plage
la quiétude verdoyante de l'enfance
les troupeaux
les nuits inquiétantes
résumé d'un essai sur la compréhension
des siècles de bafouillement
de compromis
sur Terre
le seul lieu de notre vie
tous

une vision évertuée

les écrans
les siècles
les brouillages
les ondes
les codes
les surcharges
les chocs
les signaux
les sondes
les fragments
les voix
le tumulte
le vacarme
le bruit

essai de recomposition continuelle
la musique
le son de la déchirure
à peine
dans l'espace
autrement
ailleurs

l'horloge nous a devancés
la conclusion s'impose
l'importance des bilans
provisoirement même si

le silence a refait surface malgré tout
le soir a repris possession de la piste
le règne de la noirceur
votre aura contournant le destin
vous voir vous
votre multiplicité compromettante
votre présence stratifiée

nos regards éblouis à jamais
l'accélération
nous aveugle
nous avale
nous annule
une autre métamorphose
une autre
la constance de durer malgré tout
la certitude chronique
d'être
là

FIN

Table des matières

1. découpage 9
2. répétitions 51
3. synopsis 73
4. première version 87
5. repérage 107
6. projection arrière 119
7. balayage constant 149

Achevé d'imprimer
en septembre 1991 sur les presses
des Ateliers Graphiques Marc Veilleux Inc.
Cap-Saint-Ignace, Qué.